《아주 특별한 상식 NN-동물권》

동물권,
인간의 이기심은 어디까지인가?

《아주 특별한 상식 NN-동물권》

동물권,
인간의 이기심은 어디까지인가?

캐서린 그랜트 | 황성원 옮김

《아주 특별한 상식 NN》이란?

우리 시대의 핵심 주제를 한눈에 알게 하는 《아주 특별한 상식 NN》

이 시리즈는 2001년에 영국에서 처음 출간되기 시작했습니다. 'The NO-NONSENSE guide'라는 이름을 갖고 있었으나 한국판을 출간하면서 지금 이 시대를 살아가는 우리가 꼭 알아야 할 '특별한 상식'을 이야기해 보자는 뜻으로 《아주 특별한 상식 NN》이란 이름을 붙였습니다. 세계화, 기후변화, 세계의 빈곤처럼 복잡하면서도 중요한 전 세계의 쟁점을 쉽게 이해할 수 있도록 기획된 책입니다.

각 주제와 관련된 주요 논쟁거리를 쉽게 알 수 있도록 관련 사실, 도표와 그래프, 각종 정보와 분석을 수록했습니다. 해당 주제와 관련된 행동에 직접 나서고 싶은 독자를 위해서는 세계의 관련 단체들이 어디에 있으며, 어떤 일을 하고 있는지 소개해 놓았습니다. 더 읽을 만한 자료는 무엇인지, 특별히 염두에 두고 읽어야 할 정보들은 어떤 것이 있는지도 한눈에 들어오게 편집했습니다.

우리 시대의 핵심 주제들을 짧은 시간에 쉽게 파악할 수 있게 도와주는 이 시리즈에는 이 책들을 기획하고 엮은 집단 〈뉴 인터내셔널리스트New Internationalist〉가 지난 30년간 쌓은 노하우가 담겨 있으며, 날카로우면서도 세련된 문장들은 또한 긴박하고 역동적인 책읽기의 즐거움을 느끼게 해 줄 것입니다.

다음 세대를 살아가는 데 알맞은 대안적 세계관으로 이끌어 줄 《아주 특별한 상식 NN》 시리즈에는 주류 언론에서 중요하게 다루지 않는 특별한 관점과 통계 자료, 수치들이 풍부하게 들어 있습니다. 이 시대를 살아가는 데 꼭 필요한 주제를 엄선한 각 권을 읽고 나면 독자들은 명확한 주제 의식으로 세계를 바라볼 수 있게 될 것입니다.

《아주 특별한 상식 NN》이 완간된 뒤에도, 이 책을 읽은 바로 당신의 손으로 이 시리즈가 계속 이어질 수 있기를 바랍니다.

NO-NONSENSE

《아주 특별한 상식 NN》, 어떻게 읽을까?

〈본문 가운데〉

▶ 용어 설명

본문 내용 가운데 특별히 중요한 용어는 따로 뽑아 표시해
주었다. 읽는 이가 꼭 짚고 넘어가야 할 개념이나 중요한
책들, 사회적으로 의미가 있는 단체, 역사적 사건에 대한
설명들이 들어 있다.

▶ 인물 설명

역사적으로 중요한 인물, 각 분야 문제 인물의 생몰연도와
간단한 업적을 적어 주었다.

▶ 깊이 읽기

본문 내용을 이해하는 데 부차적으로 필요한 논거들, 꼭 언
급해야 하는 것이지만 본문에서 따로 설명하지 않고 있는
것들을 적어 주었다.

▶ 자료

본문을 읽을 때 도움이 될 통계 자료, 사건 따위를 설명하
고 있다.

〈부록에 실은 것들〉

▶ 본문 내용 참고 자료

본문과 따로 좀 더 심도 깊게 들여다보면 좋을 것들을 부록으로 옮겨 놓았다.

▶ 관련 단체

해당 주제와 관련된 활동을 펼치는 국제단체를 소개하고, 웹사이트도 실어 놓았다.

▶ 원서 주석과 참고 문헌

더 찾아보고 싶은 자료들이 있다면 해당 주제와 관련된 정보를 친절하게 실어 놓은 부록을 통해 단행본, 정기간행물, 웹사이트 주소를 찾아보면 된다.

▶ 함께 보면 좋을 책과 영화

이 책과 더불어 읽으면 좋을 책, 도움이 될 만한 영화를 소개해 놓았다.

N 차례

N 1장 동물권 운동이란?

2장 서구 중산층만을 위한 운동인가?

3장 야만적 밥상

4장 잔인한 오락

5장 고통스러운 진보

6장 잔혹한 패션

7장 동물이 다치면 인간도 아프다

8장 세계의 동물권

N▷ 9장 더불어 살기

N▷ 부록

1. 한글과 외래어 표기는 〈국립국어원〉 표준국어대사전 표기 및 '외래어 표기법'을 따랐다. 단, 원칙대로 표기할 경우 현실과 지나치게 동떨어진 음이 나오면 실용적 표기를 취했다.

2. 단행본, 정기간행물에는 겹낫쇠(『』)를, 논문이나 기고문, 에세이 등에는 홑낫쇠(「」)를, 단체명과 영화명의 경우 꺽쇠(〈 〉)를 사용했다. 그 외, 영문 단행본이나 정기간행물은 이탤릭체로, 영문 논문은 큰따옴표(" ")로 표시했음을 밝힌다.

3. 옮긴이가 독자의 이해를 돕기 위해 첨언한 부분은 대괄호([ ])로 묶어 표시했고 용어나 인물 설명, 깊이 읽기 가운데 옮긴이가 추가한 내용에는 옮긴이 표시를 붙였다.

4. 원서에 있던 본문 주석은 모두 부록으로 뺐다.

5. 이 책에서는 국제기구의 이름을 약자로 쓰지 않고, 되도록 풀어 썼다. 자주 등장하는 단체 및 기구는 다음과 같다.

  국제동물복지기금International Fund for Animal Welfare
  동물의윤리적처우를바라는사람들(People for Ethical Treatment of Animal, PETA)
  동물잔혹행위방지협회(Society for the Prevention of Cruelty to Animals, SPCA)
  동물해방전선Animal Liberation Front
  세계자연보호기금(World Wide Fund for Nature, WWF)
  세계동물보호협회World Society for the Protection of Animals
  사랑의세계농장Compassion in World Farming
  애니멀아시아Animal Asia
  잔혹하지않은아름다움Beauty without Cruelty
  휴메인소사이어티Humane Society

동물 해방은 인간 해방이다

잉그리드 뉴커크Ingrid E. Newkirk(PETA 설립자, 『선한 선택*Making Kind Choices*』의 저자)

> "개인은 엄청난 동정심과 무심함을 동시에 보여 줄 수 있다. 인간
> 에게는 동정심을 키우고 무심함을 탈피할 능력이 있다. (…) 양심
> 에 따라 행동함으로써 집합적인 양심에 생명을 불어넣는 개인보다
> 더 강력한 존재는 없다."
>
> — 노먼 커즌즈Norman Cousins(1915~1990, 언론인 겸 평화 활동가)

　내가 영국을 떠나 인도에서 살기 시작한 건 8살 무렵이었다. 내
가 자란 집은 피난민, 보수적인 집안에서 쫓겨난 미혼모, 떠돌이
개, 어린 거지들, 품질 평가에서 탈락된 오리 등으로 항상 북적였
다. 어머니는 "그게 누군지는 중요치 않아. 중요한 건 이들에게
도움이 필요하다는 사실이지"라고 말씀하시며 이들 모두를 따뜻
하게 맞아 주셨다. 한참 뒤 나는 작가이자 철학자이며 사회 개혁
가인 존 골즈워디John Galsworthy의 말을 우연히 접하게 되었다.
"우리가 우리만의 내밀한 세상에 살고 있다고 생각한다면 오산
이다. 우리의 말, 행동, 생각 모두가 우리 주위의 모든 것에 영향

을 미친다.”

　나는 그 자리에서 내 젊은 시절, 어쩌면 내 일생에서 가장 중요한 가르침은 바로 여기 있다고 깨달았다. 내가 좋아해 마지않는 기하학도, 망할 물리학도, 학교에서 배운 그 어떤 것도 이만한 교훈을 주지는 못했다. 나는 언제나 헨리 베스턴Hery Beston의 말을 가슴깊이 간직하고 있다. 작가이자 자연주의자인 그가 이미 수년 전 지적한 대로 나는 성性, 인종, 종교, 국적, 종種에 관계없이 모두 친구이고, 각자 고유한 방식대로 기쁨과 사랑, 우정과 슬픔, 모성적인 이해심을 보유하고 있으며, 자유롭고자 하는 욕망과 고통과 두려움에서 벗어나고자 하는 욕망, 그리고 고통스런 죽음을 회피하고자 하는 욕망을 품고 있다는 사실을 깨달았다. 결국 우리는 감정으로 똘똘 뭉친 덩어리인 것이다.

　동물권은 일종의 시험지다. 이미 지난 일들이 아니라 바로 지금의 편견을 정직하게 검토하여 오만한 우월감을 극복할 수 있는지 확인하는 경이로운 시험 말이다. 동물권은 공감을 통한 포용, 즉 ‘우리’와 ‘타자’를 갈라놓는 그릇된 장벽을 넘어뜨리고 “다른 이들에게 대접받고 싶은 대로 그들을 대하라”는 황금률을 실천함으로써 타인의 입장에서 생각할 줄 아는 값진 능력을 확인하는 잣대다. 오랫동안 우리 인간은 이 황금률을 입으로만 읊어 댔을 뿐 몸으로 실천하지는 못했다.

　우리가 동물에게 무슨 짓을 저질렀는지를 잊지 않고 우리의 온 마음을 두려움 없이 열어 이 ‘타자들’이 겪고 있는 일을 바라보는 것, 이것이 아마도 가장 어려운 일인지 모른다. 특히 동물들이 그 모든 것을 전혀 원하지 않았음에도 오직 인간의 분별없는 선택에 의해 그런 일을 겪고 있다는 사실을 받아들이기란 그렇게 쉬운 일이 아니다. 하지만 우리가 동물에게 어떤 고통도 주지 않고 살아가기로 결심했을 때, 그 실천 방법이 생각보다 매우 간단하다는 것은 정말로 다행스런 일이다. 동물들이 겪는 엄청난 곤경에 압도당할 필요는 없다. 그보다 오히려 양식 있고 선한 개인이 생각보다 큰 변화를 일으킬 수 있다는 사실에 감사하는 편이 낫다. 〈동물의윤리적처우를바라는사람들(이하, PETA)〉에서는 '동물 해방은 인간 해방'이라고 이야기한다. 새로운 자유의 세계에 발을 들인 것을 진심으로 환영한다.

우리는 동물 착취와 학대 위에 서 있다

"동물에게는 권리가 없다는 가정과 동물에 대한 인간의 처우에는
그 어떤 도덕적인 의미 부여도 할 필요가 없다는 환상은 서구 사회
의 잔혹함과 야만성을 가장 극명하게 보여 주는 끔찍한 예다. 도덕
성을 보장해 주는 것은 보편적인 연민뿐이다."

— 아서 쇼펜하우어(1788~1860, 철학자)

동물은 지구상에서 가장 큰 피해자 집단이다. 매년 5백억 마리
이상이 인간의 이익 앞에 목숨을 잃는다. 모든 척추동물이 고통
과 두려움을 느낄 수 있고, 많은 동물들이 뛰어난 지능과 고유한
개성, 감정을 느끼는 능력을 보유하고 있다는 사실이 이미 과학
적으로 입증된 상황에서도 많은 동물들이 불필요한 위해에서 보
호받을 수 있는 가장 기본적인 법적 보장조차 받지 못하고 있다.
현행 법률에서는 오히려 무생물과 기업 같은 법인이 대부분의 동
물보다 더 큰 법적 권리를 갖는다.[1] 보통 법적으로 동물을 보호해
주는 경우는 동물이 인간에게 가치 있다고 판단될 때뿐이다.

동물권 운동은 역사상 가장 빠른 속도로 성장한 사회운동 중 하나였다. 약 30년 전 그리 많지 않은 학자와 활동가들이 광범위하고 체계적으로 자행되던 동물 착취에 처음으로 문제를 제기했다. 그때까지 윤리학자나 동물 복지주의자들조차도 동물 착취 문제에는 큰 관심을 두지 않았다. 그로부터 10년도 안 돼 전 세계 수천 개의 조직이 수백만 명의 지지자들과 함께 동물권을 증진시키는 일에 헌신하게 됐다. 오늘날 동물권 운동은 대중적으로 확산되었고, 세계 곳곳에서 동물 문제를 둘러싼 논쟁이 뜨겁게 진행되고 있다. 1994년 영국의 『타임 아웃*Time Out*』은 동물권을 "가장 히피스러운 대의"로 꼽기도 했다.[2]

동물권 운동은 오늘날 우리 사회에서 동물들이 매우 부당한 대우를 받고 있다고 진단한다. 동물권 지지자들은 동물에게는 생명에 대한 권리, 불필요한 고통에서 벗어날 권리처럼 마땅히 존중받아야 할 근본적인 권리가 있다고 믿는다. 또한 이들은 일부 동물이 인간보다 지능이 낮을 수는 있지만 그렇더라도 동물권을 주장할 수 없는 건 아니라고 생각한다. 이들은 지능을 문제 삼아 동물의 권리를 부정하는 것은 도덕적으로 옳지 않다고 주장하면서, 역사적으로 특정 집단에 대한 억압은 늘 그 집단이 지적으로 열등하다는 잘못된 가정에 기초해 왔음을 지적한다.

동물권을 옹호하는 집단은 특히 산업사회에서 대대적으로 이루어지고 있는 동물 학대를 비판한다. 동물권 활동가들은 인간의 오락과 농업, 과학과 패션 산업이 그동안 동물들에게 얼마나 끔찍한 고통을 안겨 주었는지를 보여 주는 부정할 수 없는 증거를 제시해 왔다. 사람들은 참으로 많은 동물들에게 고통을 주고 동물들을 감금한다. 이런 일을 아무렇지 않게 하는 사람들을 보며 활동가들은 사람들이 동물과 맺는 관계를 근본적으로 재평가할 필요가 있다고 말한다.

동물권 활동가들은 동물도 인간과 똑같은 방식으로 고통을 느낄 수 있다는 점을 들어 동물의 이해관계는 인간의 이해관계와 동등한 도덕적 지위를 갖는 것으로 봐야 한다고 믿는다. 이들의 궁극적인 목표는 동물에 대한 모든 살상과 착취를 중단하는 것이다. 실제로 많은 활동가들이 동물이나 동물 부산물로 만든 제품 소비를 거부하고 동물을 이용한 과학 실험이나 동물을 오락용으로 사용하는 것, 그리고 야생동물에 간섭하는 일체 행위에 반대한다. 어쩌면 이는 너무 과도한 제약처럼 비춰질 수도 있다. 그러나 동물권 지지자들은 아무리 인도적인 방식으로 동물을 이용한다 하더라도 이는 동물의 선택을 무시하고 육체적·생리적 건강을 해칠 수 있는 행위라는 점에서 정의롭지 않다고 주장한다.

동물권 운동을 지지하는 많은 사람들이 동물과 강한 감정적 유대를 느끼는 것은 사실이지만 그렇다고 해서 이 같은 감정적 유대가 있어야만 운동에 참여할 수 있는 것은 아니다. 동물에 대한 헌신은 감정에서 나오는 것이 아니라 이성적인 윤리적 입장에서 나온다고 보기 때문이다. 인권 지지자라고 해서 모든 인간을 사랑하지는 않으며 다만 모든 인간이 사회에 얼마큼 기여하든 상관없이 권리를 가진다는 믿음을 가지고 있는 것과 마찬가지로, 동물권 지지자들은 동물이 인간이 보기에 얼마나 귀엽고 사랑스러운지, 혹은 얼마나 쓸모 있는지에 관계없이 근본적인 권리를 가진다고 생각하는 사람들이다. 따라서 어떤 이유에서건 동물을 살상하거나 상해를 입히거나 감금하는 행위는 이 근본적인 권리를 침범하는 것이며, 인간은 동물에 대한 인식을 바꿀 도덕적인 의무를 지고 있다고 주장한다.

1

동물권 운동이란?

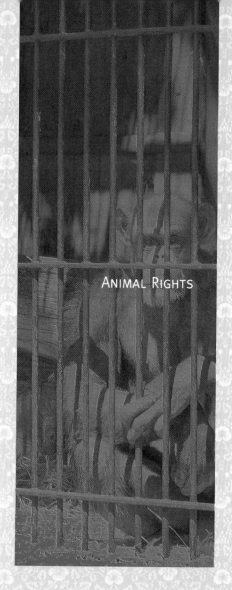

ANIMAL RIGHTS

동물권 운동은 어떤 전통에서, 어떤 철학적 토대에
서 시작되었나?
동물 복지와 동물권은 어떤 차이가 있는가?
급진주의를 표방하는 동물권 운동을 어떻게 바라봐
야 할까?

01

동물권 운동이란?

다른 여러 운동과 마찬가지로 동물권 운동은 다양하면서도 폭넓다. 근대의 동물
권 운동은 더 넓은 인도주의적 이상에서 태동했고 오늘날에도 그 영향은 꾸준히
이어지고 있다.

"비폭력은 최고의 윤리다. 이는 모든 진화의 최종 목표 지점이기도
하다. 다른 모든 생명체에 가하는 위해를 중단하기 전까지 인간은
야만인일 수밖에 없다."

— 토머스 에디슨(1847~1931, 발명가)

동물권 운동은 정의를 지키기 위한 다른 투쟁들과 동일한 정체
성을 가진다. 활동가들 중에서도 특히 동물의 실질적인 해방을
목표로 하는 사람들은 스스로를 과거 노예제 반대론자들로 비유
한다. 동물권 운동가들은 이전의 역사적 투쟁에서 많은 전술과
전략들을 차용해 왔다. 또한 동물에게 도덕적 가치를 부여하는
동물 복지 운동과 환경 운동에서도 큰 영향을 받았다.

어떤 점에서 동물권은 오랜 전통과 신망을 자랑하는 동물 복지

에서 진화한 개념이라 할 수 있다. 1824
년 영국에서 농장의 가축이나 역축에 대
한 '악의적인' 학대를 방지하기 위해 최
초의 〈동물잔혹행위방지협회〉가 설립되
었다. 이들은 이후에 유혈 스포츠, 생체
해부, 비인도적 살육에 반대하는 캠페인
을 펼쳤다. 대체로 상류층 사람들이 조직
했던 이 동물 복지 운동은 빠르게 대중성
을 획득하면서 서구 사회에 확산되었다.
19세기 말엽에는 미국의 여러 도시에도

•역축役畜—농사를 짓거나 짐
수레 등을 끄는 데 필요한 사
역용 소, 말, 당나귀 등을 가리
킨다. 옮긴이

•〈휴메인소사이어티〉—1871
년 모든 동물과 인간에 대한
착취에 반대하며 영국에서 처
음 설립되었다. 현재는 호주,
뉴질랜드, 캐나다, 미국 등에
지부를 두고 있으며 〈동물잔
혹행위방지협회〉와 공동 행동
을 하는 경우가 많다. 옮긴이

〈동물잔혹행위방지협회〉와 〈휴메인소사이어티〉가 생겨났다. 오늘
날에도 여전히 매우 왕성한 활동력을 자랑하는 동물 복지 운동은
일반적으로 동물들의 사육 조건을 개선하는 데 중점을 둔다. 동
물 복지 운동가들은 동물이 고통, 두려움, 외로움을 느낄 수 있다
고 믿는다. 하지만 이들은 인간과 동물 간에는 자연적인 위계가
존재하기 때문에 인간이 책임 있는 자세로 동물을 이용하는 것은
문제가 되지 않는다고 주장한다. 이들은 동물이 식품이나 의복,
과학이나 정서적 안정 등을 목적으로 인간 사회에서 이용될 수
있다는 사실을 인정하는 대신 동물을 최대한 인도적으로 다뤄야
한다는 입장이다. 따라서 동물권 활동가들과 동물 복지 활동가들
은 때로 사안에 따라 협력하지만, 동물 복지 활동가들은 일반적
으로 동물에게 권리가 있다는 점을 인정하지 않기 때문에 둘 사
이에는 긴장이 존재한다.

심층 생태론

'심층 생태론' 역시 동물권 운동에 중요한 토대를 제공했다. 심층 생태론은 지구상의 모든 종을 보존하자는 입장에서 생물 다양성을 중시한다. 이들은 인간에게 어떤 유용성이 있는지를 떠나 자연계에 존재하는 모든 구성 요소들의 권리를 인정한다. 심층 생태론은 인간의 필요와 욕구에 관계없이 동물에게 내재적인 가치를 부여한다는 점에서 매우 중요한 지적을 하고 있다. 생태주의자들에게 모든 동물은 중요한 기능을 가진 본질적으로 가치 있는 존재다.

하지만 생태학자들은 큰 문제에만 관심을 둔다. 이들은 개별 동물이나 단일 종이 아니라 전체적인 패턴과 관계를 살핀다. 이런 점에서 심층 생태론은 동물권 운동과 근본적으로 다른 철학에서 유래했다고 볼 수 있다. 동물권 옹호자들이 모든 개별 동물의 고통을 심각하게 고려한다면, 생태주의자들은 주로 전체 생태계의 건강에 관심을 기울인다. 이들은 전체로서의 생태계가 건강하다면 개별 동물의 고통에는 크게 신경 쓰지 않는다.[1]

한편, 야생동식물 보호 운동가들은 위기에 처한 야생 생물을 중시한다. 길들여진 가축은 워낙 양적으로 많은 데다 자연 생태계를 교란시킬 수 있기 때문에 보호할 가치가 있는 대상으로 주목받지 못한다. 게다가 야생동식물 보호 운동가들은 지각력이 없는 생명체(식물처럼 자의식이 없는 유기체)도 생태계의 건강에 똑같이 중요하다고 생각하기 때문에 지각력이 있는 동물이라고 해서 지각력이 없는 생명체보다 더 우선시하지는 않는다. [반면] 동물권 운동에서는 고통이나 불행을 느낄 수 있는 동물의 능력이 이들이 권리를 가져야만 하는 중요한 이유가 된다.[2]

따라서 동물권 운동은 동물 복지와 심층 생태론과 공유하는 바가 있으면서도 크게 다르다. 동물권 운동은 '자연계' 전체가 아니라 모든 동물의 [개별적] 가치를 인정하고, 동물에게 단순한 보호가 아니라 권리를 부여한다.

동물권 운동의 탄생

동물권 운동의 창시자는 호주 태생의 윤리학자 피터 싱어Peter Singer로 알려져 있다. 1975년 그의 획기적인 저서 『동물 해방 *Animal Liberation*』이 출간되었고 그로부터 1년이 안 되어 영국에 본부를 둔 〈동물해방전선〉이 만들어졌으며 십여 년 만에 여러 동물 해방 조직들이 만들어졌다. 싱어의 책은 수십만 권이 팔려나갔고 9개 국어로 번역되었다.[3]

동물 해방이 동물권과 동의어는 아니지만(이는 뒤에서 다시 논할 것이다) 명망 있는 활동가들은 대체로 싱어의 저작이 이들의 활동에 심대한 영향을 미쳤다고 인정한다.

싱어는 자기가 속한 종 구성원들에게는 하지 않을 행동을 다른 종에게 저지르

• 〈동물해방전선〉─1963년 설립된 〈수렵훼방협회Hunt Saboteurs Association〉를 전신으로 하는 급진적인 동물 보호 단체다. 주로 동물실험에 반대하는 활동을 펼치면서 과격하고 과감한 시위 방식으로 논란을 사고 있기도 하다. 옮긴이

는 것은 '종 차별주의speciesism'라고 비판한다. 이 용어는 싱어의 동료인 리처드 라이더가 고안했다. 싱어는 동물의 조건을 개선하려는 시도는 분명 존중할 만하지만, "동물의 지위에 대해 관습적으로 사고하는" 한계가 있다고 주장한다.[4)]

본질적으로 싱어는 동물과 인간을 동등하게 여겨야 하는 것은 동물이 인간과 마찬가지로 고통을 느낄 수 있기 때문이라고 주장하면서 이 같은 관습적인 사고방식에 도전한다. 동물 복지 운동은 동물에게 자애를 베풀어야 한다고 말할 뿐, 인간의 [동물] 지배를 포기해야 한다고까지는 주장하지 않는다. 동물 복지 운동이 인간에게는 동물을 보살필 더 많은 의무가 있다는 입장이라면 동물권 운동은 동물이 도덕적 지위를 갖는다고 주장한다.

인간과 동물의 관계를 재평가한 사람은 싱어 이전에도 존재했다. 하지만 국제적인 운동을 고취한 것은 싱어가 처음이었다. 거의 1백 년쯤 전 영국의 인도주의자 헨리 솔트는 인간과 동물을 동등하게 여길 것을 주장했다. 실제로 싱어는 솔트의 책에서 많은 영감을 받아 솔트의 1892년 저서인 『사회 진보의 관점에서 바라본 동물권』을 재발간하기도 했다. 당대의 혁명적 사상가였던 솔트는 일생을 인간과 비인간의 고통을 줄이는 데 바쳤다. 많은 초

리처드 라이더Richard Ryder, 1940~

영국의 심리학자. 1977년부터 1979년까지 영국의 〈왕립동물잔혹행위방지협회(RSPCA)〉 회장을 역임했다. 심리학자로서 동물실험에 반대하는 운동을 적극적으로 펼쳐 왔다. 옮긴이

헨리 솔트Henry Salt, 1851~1939

사회 개혁가이자 동물권 지지자로, "모든 동물은 혈연관계에 있다"는 말을 했다. 헨리 데이비드 소로에게 깊은 영감을 받아 평생 소박한 삶을 살았다. 옮긴이

기 동물 운동가들처럼 솔트에게도 억압받는 인간의 곤경은 동물들이 겪는 곤경과 긴밀하게 연결되어 있었다. 그는 동물들의 고난이 지속되는 한 인간의 고난을 진정으로 뿌리 뽑을 수 없다고 주장했다. 솔트는 〈인도주의연맹〉이라는 단체를 통해 채식주의를 주장했고, "패션뿐만 아니라 농장과 시장, 도살장에서 벌어지는" 동물 학대와 생체 해부, 사냥을 근절하기 위한 운동을 펼쳤다.[5]

• 〈인도주의연맹Humanitarian League〉—1891년 헨리 솔트가 설립한 단체로 지각 있는 모든 동물들에게 고통을 가해서는 안 된다는 게 단체의 설립 취지다. 옮긴이

솔트는 인간을 위해 동물을 이용하는 일체의 행위를 거부했다는 점에서 〈동물잔혹행위방지협회〉의 다른 동료들보다 훨씬 더 급진적이었다.

20세기에는 여러 가지 중대한 진전들이 나타나 동물권 운동에 기여했다. 한 세기 전 일부 사회 개혁가들은 육류 소비가 노동자 계급을 영양실조로 몰고 간다고 믿으며 육식을 거부했다. 육식 식단에는 식물성 식단보다 더 많은 자원이 들어가기 때문이다. 20세기 중반이 되자 윤리적인 이유에서 육식을 거부하는 채식주의 협회가 탄탄하게 자리를 잡았다. 조지 버나드 쇼나 마하트마 간디 같은 영향력 있는 채식주의자들이 자신들이 속한 집단 안에서, 나아가 대중들에게 '인도적인 식습관'을 주장했다. 그리고 제2차 세계대전 중에는 우유와 계란을 포함한 모든 동물성 식품을 거부하는 '완전 채식주의veganism' 원칙이 자리를 잡았다. 20세기에는 완전 채식주의가 그렇게 흔한 일이 아니었다. 대신 2차 세계

대전 이후로 늘어나기 시작한 [일반적인] 채식주의는 특히 1960년
대 반문화와 결합되어 1980년대에 상당한 규모에 이르게 된다.

무엇보다 싱어의 『동물 해방』이 갖는 가장 큰 의미는 동물 착취
를 종식시키려는 응집력 있는 국제 운동을 고취시켰다는 점이다.
이미 여러 가지 형태의 동물 억압에 대한 글을 쓴 바 있는 루스 해
리슨Ruth Harrison, 스탠리 고들로비치Stanley Godlovitch와 로슬린드
고들로비치Roslind Godlovitch, 존 해리스John Harris, 리처드 라이더
같은 학자들도 『동물 해방』 출간 이후 본격적으로 운동에 참여했
고, 많은 사람들이 산업화된 동물 학대에 더 많은 관심을 갖게 됐
다. 또한 싱어의 저작을 계기로 동물의 처우에 대한 수백 가지 연
구물이 출간되는 한편, 동물권을 둘러싼 철학적, 법적 논쟁들이
촉발되었고 동물 복지가 과학의 한 분야로 성장하게 되었다.

동물권을 지지하는 사람들

동물권 운동 안에서도 서로 다른 접근법과 철학적 기초가 존재
한다. 싱어가 이 운동에서 중요한 역할을 한 것은 사실이지만, 그
의 입장은 고전적인 동물권 입장과는 거리가 멀다. 싱어는 동물
도 인간과 똑같이 고려해야 할 대상이라고 생각한다. 실질적인
동물권 입장을 정초한 사람은 톰 리건으로, 오늘날의 많은 활동
가들은 리건의 입장을 채택하고 있다. 리건은 동물도 인간처럼
본원적인 도덕적 권리를 가진다고 주장한다.[6]

싱어가 동물을 이용해 인간이 혜택을 누린다고 해서, 그 사실이

이 사회에서 동물들이 받는 고통을 정당화하진 않는다고 보는 입장이라면, 리건은 아무리 사소하다 하더라도 동물을 이용하는 것은 동물의 본원적인 권리를 침해한다고 본다. 철학적인 관점에서 보면 싱어와 리건의 입장"이 다를 수 있지만, 두 사람 모두 동물 착취를 부정의하다고 여기고 이를 없애려 한다는 점에서는 일치한다.

또 다른 중요한 접근법을 정초한 사람은 스티븐 와이즈Steven Wise다. 변호사인 그는 고등 유인원이 인간과 동일한 법률의 적용을 받게 하기 위해 노력하고 있다. 와이즈는 고등 유인원은 인간과 아주 유사하기 때문에 이들이 인간과 다른 종이라는 이유로 법적인 권리를 인정하지 않는 것은 부정의하다고 주장한다. 유인원들은 인간과 99퍼센트 동일한 DNA를 공유할 뿐 아니라 지적으로도 인간과 견줄 수 있을 정도다. 가령 침팬지의 인지 능력은 유아보다 우수하다. 침팬지는 수를 셀 수 있고, 인간의 언어를 학습할 수 있으며, 도구를 만들어 사용하고, 거울에 반사된 자신의 모습도 인식한다.

유인원은 또한 인간처럼 이타적인 행동을 할 수 있는 존재다. 이들은 서로를 보호해 주고 상처를 돌봐 주며 부모를 잃은 새끼들을 보살피기도 한다. 코끼리나 고래, 돌고래, 참돌고래 같은 고

톰 리건Tom Regan, 1938~
동물 권리 이론을 제창한 미국의 철학자. 대표작인 『동물권에 대하여The Case for Animal Rights』에서 동물 역시 '삶의 주체'라는 점을 강조하면서 인간이라면 합리적 존재로 행동할 수 있는지와 상관없이 늘 가치 있는 존재로 평가받듯, 인간이 아닌 동물에게도 같은 가치를 부여해야 한다고 주장한다. 옮긴이

래목의 동물들도 같은 특성을 보인다. 와이즈는 이런 생물들은 인간과 동일한 법적 보호를 받아야 한다고 주장한다. 그는 인간과 고등 동물 사이에 놓인 종 간 장벽을 넘어설 수 있다면 결국 '인간적인' 특성을 적게 가지고 있는 다른 동물들도 법적인 권리를 보장받을 수 있을 것으로 기대한다. 와이즈는 하버드 대학교에서 동물권법을 가르치고 있으며, 권리를 침해받은 동물들을 법적으로 대리하기 위해 노력하고 있다. 와이즈는 앞으로 20년 안

동물권에 대한 공리주의 입장과 의무론적 권리론의 입장

동물권을 옹호하는 철학적 근거는 크게 싱어의 공리주의 입장과 리건의 의무론적 권리론의 입장으로 나누어 살펴볼 수 있다. 공리주의에서는 고통을 최소화하고 쾌락을 최대화하는 것이 윤리의 목표다. 싱어는 동물 역시 고통과 즐거움을 느낄 수 있는 '감각을 가진 존재'라는 점에서 인간과 다를 바 없는 윤리적 고려의 대상이라고 말한다. 반면 리건은 삶의 주체라면 누구나 자신의 '본래적인 가치'를 발현할 도덕적인 권리를 지닌다고 보고 동물 역시 예외가 아니라고 주장한다. 리건에 따르면 동물은 유용성이나 감각의 유무 등과 상관없이 타고난 권리를 지니며, 인간에게는 이러한 권리를 존중할 의무가 있다. 이러한 리건의 주장은 이론적 측면에서는 싱어의 공리주의보다 더 급진적인 결론으로 이어지는데, 공리주의가 '고통을 최소화'한다면 육식이나 동물실험 등도 용인할 수 있다는 입장인 반면, 의무론적 권리론은 '삶의 주체'인 동물을 이용하는 일체 행위를 용인할 수 없다는 입장을 취하기 때문이다. 옮긴이

▶참고―허남결, 「동물의 권리에 대한 윤리적 논의의 현황: 동물해방론과 동물권리론의 전개과정을 중심으로」, 2005.

에 유인원들이 법적 주체로 인정받을 수 있기를 바라고 있다.[7]

피터 싱어를 비롯한 다른 사람들도 〈고등유인원프로젝트〉*를 통해 이와 비슷한 작업을 전개한다.

전 세계적으로 수천 개 집단이 서로 다른 전술을 구사하며 다양한 사안을 다루고 있다. 규모가 크고 잘나가는 조직들은 여러 가지 캠페인을 동시에 진행하면서 인간과 동물 관계의 다양한 측면들을 조명한다. PETA는 그중 가장 영향력이 큰 국제조직일 것이다. 잉그리드 뉴커크와 알렉스 파체코Alex Pacheco가 1980년에 설립한 PETA는 오늘날 전 세계에 약 1백만 명의 회원을 두고 있다. 활동가 1백여 명과 2천5백만 달러 이상의 연간 예산을 보유한 PETA는 미국, 네덜란드, 독일, 영국, 인도 등지에 지부를 두고 있다. 이들은 구조 및 교육 프로그램을 실시하고 있으며, 동물 복지 기준이 낮은 회사를 조사하고 그 회사를 상대로 법적인 소송을 전개하기도 한다.

▪ 깊이 읽기

〈고등유인원프로젝트Great Apes Project〉란?

1993년에 영장류 동물학자, 인류학자, 윤리학자들이 모여 설립한 국제조직으로, 유인원에게도 생명권, 개체의 자유, 고문 금지 등의 기본적인 권한을 보장해야 한다고 주장한다. 인간과 똑같지는 않지만 동등한 도덕적 고려를 해야 한다는 입장이다. 유인원이 아닌 다른 동물들을 배제하고 있다는 점에서 종 중심주의를 벗어나지 못했다는 비판도 있다. 옮긴이

하지만 PETA의 명성은 논란을 몰고 다니는 광고 캠페인과 충격 요법에서 온다. PETA는 유명 인사와 누드모델, 매우 충격적인 이미지를 활용해 동물권에 대한 관심을 불러일으킨다. 이들의 주요 전술 중 하나는 기업에 공개적인 망신을 줌으로써 동물에 대한 처우를 개선하게 만드는 것이다. 〈제너럴모터스〉, [화장품회사] 〈레블론〉, 〈맥도날드〉 등, 많은 거대 기업들이 이들의 캠페인에 압력을 느끼고 동물을 학대하던 관행을 바꿨다. PETA는 잊을 만하면 한 번씩 논란을 만들어 내지만 그렇다고 해서 열정만 가득한 풋내기들로 봐서는 곤란하다. 이들은 누구에게든 무료로 수천 가지 자료를 제공할 뿐 아니라 자신들의 주장을 뒷받침하는 과학적이면서도 전문적인 자료들을 풍부하게 보유하고 있다.

동물 보호 운동의 급진화

〈동물해방전선〉은 동물권 운동 진영 안에서도 많은 논란을 불러일으키는 집단이다. 1976년 로니 리Ronnie Lee가 영국에 설립한 이 조직은 오늘날 미국, 호주, 뉴질랜드(아오테아로아), 프랑스, 이탈리아, 스페인, 폴란드, 스웨덴, 남아프리카공화국, 캐나다 등지에 지부를 보유하고 있다.[8]

N

●아오테아로아Aotearoa─뉴질랜드 토착민의 언어인 마오리어로 뉴질랜드를 가리킨다. 옮긴이

〈동물해방전선〉 회원들은 동물을 구출하고, 때로는 연구실이나 축사나 도살장, 모피 동물 사육장 등, 동물 착취를 일삼는 시설을 공격하기 위해 불법적인 직접행동도

불사한다. 이들은 폭력은 행사하지 않지만 부동산 피해나 절도는 용인한다. 〈동물해방전선〉 활동가들은 동물들을 해방시키기 위해 부동산을 파손하거나 법을 위반할 때면 자신들은 더 상위에 있는 도덕법을 따르는 것이라고 주장한다.

『가디언』은 "수년간 이들은 수천 마리의 동물을 풀어 주었고, 수십억 달러의 손실을 야기했으며, 일부 악질적인 동물 학대를 대중 앞에 폭로했다"고 보도하기도 했다. 〈동물해방전선〉의 활동비는 전적으로 개인 후원자의 기부를 통해 충당되고, 경찰의 잠입을 피하기 위해 중앙 조직이나 조정실을 두지 않는다. 활동가들은 투옥 경험이 있으며, FBI는 이들을 '국내 테러 발생 시 가장 우선적인 수사 대상'으로 규정하고 있다.[9]

최근 영국과 미국 양국 모두에서 테러리즘 법이 개정되어 〈동물해방전선〉 같은 직접행동 집단까지 표적이 되었다. 미국에서는 개정된 테러리즘 법 때문에 동물을 착취하는 업체에 재산 피해를 입힌 개인들을 더 쉽게 고발하고 투옥할 수 있게 됐다. 하지만 호주에서는 〈동물해방운동〉이 그렇게까지 치욕스러운 대접은 받지 않는다.[10] 〈동물해방〉이라는 호주 단체는 전국에 8곳의 지부를 거느리고 있다. 이 조직은 〈동물해방전선〉과는 관계가 없는 별도의 조직이지만, 동물의 권리를 옹호한다는 근본적인 입장은 같다.

동물권과 관련된 여러 가지 사안을 다루는 동물권 집단은 전 세계적으로 수백 곳에 달하고 동물실험이나 사냥, 공장형 사육 같은 단일 사안에 집중하는 조직들도 수천 개나 있다. 단일 사안에 전념하는 집단들은 대개 많은 동물에게 영향을 미칠 법한 문제에 자신들의 에너지를 쏟는다. 이들은 특정 사안에 주력하기 때문에 대중들의 태도에도 상당한 영향을 미친다.

동물권 운동이 출현하면서 주류 동물 복지 조직의 일부가 급진화되는 효과가 나타났다. 규모가 클 뿐 아니라 상당한 영향력을 지닌 미국의 〈휴메인소사이어티〉와 영국의 〈왕립동물잔혹행위방지협회〉는 지난 20년간 동물권 운동 집단의 압력 때문에 자신들의 입장을 변경하기도 했다. 이들 두 조직은 과거에는 동물의 산업적인 이용에 정면으로 맞서기를 꺼리며 상당히 보수적인 동물 보호 입장을 견지했지만 이제는 경제·사회 전 영역에서 훨씬 광범위한 수단을 활용해 적극적으로 행동에 나서고 있다. 이들의 정책 가운데는 주요 동물권 조직의 정책과 거의 동일한 것들도 있다.

〈동물해방전선〉의 대변인인 로빈 웹Robin Webb이 1990년대에 〈왕립동물잔혹행위방지협회〉의 운영진으로 활동했고, 동물권 활동가인 리즈 화이트Liz White가 캐나다 최대의 동물 보호 조직인 〈토론토휴메인소사이어티〉 대표였다는 사실은 이를 단적으로 보여 준다. 정책 입안가들과 대중들이 거대 동물 복지 운동 조직에 두터운 신뢰를 보내고 있다는 점에서 동물 운동의 급진화는 중대한 진전이라 할 수 있다. 보통 동물권 운동보다는 동물 복지 운동이 더 존경할 만하고 덜 위협적이라는 인식이 있어서 정부 정책에 훨씬 더 큰 영향을 미칠 수 있기 때문이다.

이제는 거의 모든 나라에 어떤 식으로든 동물을 보호하려는 조직이 하나 이상은 있다. 특히 미국, 호주, 인도, 서유럽 같은 곳의 동물 운동가들은 전통적인 동물 복지의 윤리적 한계를 갈수록 크게 인식하고 있으며, 따라서 동물권 입장을 수용하고 있다. 대중들의 관심도 점점 늘고 있다. 정치적으로 깨인 사람들은 세계경제 체제에 내재한 노동 착취 관행과 환경 파괴에 눈을 떴던 것처럼 지난 50년간 꾸준히 증가해 온 산업적인 동물 착취에 문제 제기하기 시작했다.

2

서구 중산층만을 위한 운동인가?

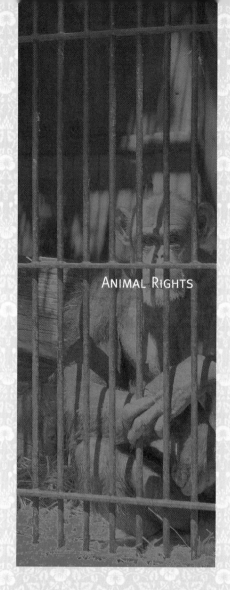

ANIMAL RIGHTS

동물권 운동은 여유 있는 중산층의 배부른 소리일까?
다양한 종교적·문화적 배경에서 동물권은 어떻게
옹호되거나 거부되고 있는가?

02

서구 중산층만을 위한 운동인가?

동물에 대한 사랑은 소수 특권층의 취향을 타는 문제이거나 '서구' 중산층에 국한된 문제가 아니다. 여러 가지 다양한 배경과 문화를 가진 전 세계 많은 이들이 동물 보호를 중대한 문제로 인식하고 있다.

> "한 나라의 위대함과 그 도덕적 진보는 동물에 대한 처우를 통해
> 판단할 수 있다."
>
> — 마하트마 간디(1869~1948, 인도 독립운동가)

혹자는 동물권 운동이 전적으로 서구적인 현상이며, 전 세계인들의 필요와 문화보다는 동물을 더 중시한다고 비판하기도 한다. 이들은 동물의 이익을 증진하는 것은 일종의 문화 제국주의이며, 비서구인들에게 서구적인 가치를 강요하는 결과를 낳는다고 주장한다.[1]

어떤 점에서 이런 비판은 정당하다. 동물권 운동이 가장 왕성하게 펼쳐지는 곳이 서구이기 때문이다. 하지만 일각에서는 동물권 운동이 문화보다는 물질적인 생활수준과 더 깊은 관계가

있다고 주장하기도 한다. 서구 민주주의 사회는 복지 제도를 잘 갖추고 있어 기아나 전쟁으로 시련을 겪는 일이 거의 없고, 교육 수준과 삶의 질도 높은 편이다. 가장 많이 베푸는 사람들은 빈민 이라는 연구 결과도 있긴 하지만, 데이비드 니버트David Nibert 같은 사회학자는 극심한 불안 속에서 살아가는 사람들은 다른 피 억압 집단에 관심을 가지기보다는 자신의 생존에만 집중할 수밖 에 없다고 주장한다.[2] 다른 한편으로는 신체적으로나 경제적으 로 안정된 사람들이 그렇지 못한 사람들에 비해 동물을 비롯한 타자에게 연민을 더 많이 느낀다는 연구 결과도 있다. 동물에 대 한 태도는 문화보다는 번영의 정도와 더 많은 관계가 있는 것으 로 보이며, 사회가 안정되고 풍요로워지면서 함께 변한다고 할 수 있다.

　생존을 위해 동물을 이용하는 문화에 비판적인 활동가들도 있 지만(7장 참조), 대체로 서구에서 동물을 다루는 방식에 더 예리한 칼날이 겨누어진다. 동물권은 여러 가지 점에서 서구의 전통과 대립한다고 주장하는 학자와 활동가들도 있다. 이들은 동물권 운 동의 근본 원칙은 사실상 동양의 전통에서 유래한 것이며, 부유 한 서구 사회 밖에서 살고 있는 사람들은 자연스럽게 일상에서 동물권을 실천하고 있다고 주장한다. '동물권'이라는 용어를 만 든 사람은 영국의 작가 헨리 솔트일지 몰라도 그 같은 생각을 그 가 처음으로 한 것은 분명 아니었다.

많은 활동가들은 서구 문화의 핵심에 있는 유대-기독교 전통이 동물에 대한 정복을 정당화한다고 개탄해 왔다. 성경이 동물에게 친절과 연민을 베풀 것을 설파한다고 해석하는 이들도 있지만(아시시의 프란시스 성자를 생각해 보라) 지배적인 신학적 해석에 따르면 성경 창세기 편에서 신은 인간에게 동물에 대한 '지배권'을 주었다. 토마스 아퀴나스를 통해 성문화된 이 같은 해석에 따르면 인간은 신의 형상대로 만들어졌기 때문에 동물보다 더 높은 영적 가치를 지닌다. 아퀴나스, 그리고 그보다 앞선 아우구스티누스와 아리스토텔레스 역시 동물에게는 영혼이 없다고 봤기 때문에 영혼 없는 동물에게 죄를 짓는다는 건 말이 안 된다고 믿었다.[3]

아퀴나스는 기독교의 발전에 지대한 영향을 미쳤기 때문에 역사적으로 동물에 대한 학대는 '신의 뜻으로 인정'받았다.[4] 기독교와 유대교에서는 같은 인간에게는 선하게 대할 것을 강조하지만 동물은 이 같은 도덕적 고려에서 제외된다.[5] 영국 성공회의 성직자 앤드루 린지Andrew Linzey에 따르면 지배적인 유대-기독교 전통은 인간 사회 내 동물의 지위에 대한 성찰을 가로막아 왔다.[6]

[하지만] 자이나교, 힌두교, 불교 같은 동양의 일부 주요 종교는

성 프란시스Saint Francis 또는 성 프란체스코, 1181~1226
이탈리아의 중부 도시 아시시의 성인으로 청빈, 복종, 순결을 덕목으로 하는 프란체스코 교단의 창립자다. 자연과 교감한 성자로 새들에게 설교한 일화로 유명하다. 옮긴이

동물에 대해 매우 다르게 접근한다. 이들 종교는 아힌사, 즉 모든 생명체에 대한 비폭력 원칙을 강조한다. 첫 번째 계율은 그 어떤 생명체도 살생을 해서는 안 된다는 것이다. 자이나교, 힌두교, 불교의 불살생 원칙은 모든 생명은 영적으로 동등하다는 가르침을 준다. 동물에 대한 폭력은 사람에 대한 폭력과 도덕적으로 동일

● 아힌사ahimsa — 살아 있는 모든 것을 해치지 않는다는 불살생, 비폭력 원칙을 말한다. 브라만교의 경전인 『우파니샤드』에서도 발견할 수 있으며, 힌두교와 자이나교에서는 삶의 이상으로, 불교에서는 수행의 일부로 삼는다. 옮긴이

한 취급을 받는다. 종교적인 계율은 폭력을 예방할 뿐이지만, 종교는 여전히 사회에서 중요한 영향력을 행사한다. 동양의 인권 및 동물권 활동가들은 이런 종교의 영향력을 활용하여 활동을 펼치기도 한다.

자이나교, 힌두교, 불교는 살아 있는 생명체는 근본적으로 서로 연결되어 있다고 믿는다. 모든 생명체는 죽음과 부활이라는 순환 속에 존재하며 여러 가지 형태로 환생할 수 있다. 동물이 인간으로 태어날 수 있고 인간이 동물로 태어날 수도 있다. 인간과 동물 간에는 영적인 차이가 없다고 보기 때문이다. 이 때문에 자이나교, 힌두교, 불교에서는 동물에 대한 자비를 강조한다.

오늘날 인도에는 4백만여 명의 자이나교도들이 있다. 이들은 교리에 따라 동물의 고통을 최소화하기 위해 최선을 다한다. 자이나교도는 최대한 먹이사슬 아래쪽에 있는 것만 먹는 엄격한 채식주의를 실천한다.[7] 인도에 있는 거의 모든 자이나교 집단에서는 동물병원을 만들어 놓고 부상을 당했거나 버려진 동물들을 돌

동물에 대한 서양의 관점, '우리'와 '그들'

'계몽주의' 과학은 동물은 인간보다 열등하고 인간과 근본적으로 다르다는 기독교적 관념을 강화했다. 행태주의 과학은 동물이 정신적, 영적으로 텅 비어 있다고 주장했다. 데카르트 같은 사상가들은 동물에게는 인간과 같은 사유 능력이 없고 심지어는 고통을 느끼지도 못한다고 믿었다. 데카르트는 동물은 인간처럼 의식을 갖지 못하고 그저 기계적인 자극에 반응하는 기계와 같다고 주장했다. 이런 이유에서 데카르트와 다른 과학자들은 동물은 [인간 세계로부터] 독립적인 '동물 왕국'의 일부라고 믿었다.

몇 백 년 뒤 다윈은 인간이 동물과 연관되어 있고 많은 특성을 동물과 공유한다는 것을 보여 주었다. 다윈의 진화론이 대중화된 19세기 말엽에 이르러서야 과학자들 사이에서 인간도 동물 왕국의 일부라는 믿음이 확산되기 시작했다. 그리고 1970년대가 되어서야 과학자들은 결국 동물도 인간처럼 의식을 가진다는 사실을 받아들였다. 하지만 서양의 문화적 관습 때문에 사람들은 자꾸 자신들을 동물과 분리시키려는 경향이 있다. '이성'을 가치 있게 여기고 소위 '동물적인' 행동을 폄하하며, 몸에 있는 털이나 자연스러운 냄새를 감춤으로써 인간에게 있는 동물적인 특성을 최소화하려는 것이다.

▶출처―Mary Midgley, "Descartes' Prisoners", *New Statesman*, 24 May 1999.

보며, 정기적으로 동물들을 도살장에서 구해 온다. 자이나교도들은 심지어 실수로라도 곤충을 밟거나 삼키지 않으려고 최대한 노력한다. 동물들의 고통을 최소화하는 것이 영적으로 반드시 필요한 일이라고 생각하기 때문이다.

부처의 불살생은 불교 학파에 따라 달리 해석되기도 한다. 하지만 중국, 홍콩, 베트남, 한국, 대만 등지에 널리 확산되어 있는 가장 중요한 종파인 대승불교에서는 명백히 동물의 살생을 금한다. 대승불교도들은 오늘날에도 채식을 실천하고, 승려들은 가죽 제품뿐 아니라 때로는 유제품도 멀리한다. 대승불교는 동물을 자비로 대하라는 부처의 가르침을 강조하고, 인간이 타자에게 해를 입히지 않아야만 우리 자신의 고통에서도 해방될 수 있다고 주장한다.[8] 대승불교는 불교 최대의 종파로 전 세계 2억 명 이상의 교도를 거느리고 있다. 하지만 자이나교와는 다르게 대승불교는 신도들에게 애완동물을 금하지 않는다. 아시아의 불교 사찰에서는 야생동물을 우리에 넣어 기르는 모습을 쉽게 볼 수 있다.

힌두교의 채식주의

인도에서 발원한 자이나교와 불교는 힌두교에 직접 영향을 미쳤다. 힌두교 전통 안에서 자비에 대한 가르침이 확산되면서 추종자들은 윤리적 채식주의를 실천하게 됐다. 힌두 경전에서는 "다른 동물의 고기는 내 아들의 살과 같다"[9]고 강조하면서 모든 동물이 신의 일부라고 말한다.[10] 오늘날 대다수의 인도인들은 영적인 믿음 때문에 채식주의자로 살아간다. 인도인 중 8억 명이 힌두교도인데, 이들 가운데 80퍼센트 이상이 채식주의자다. 힌두교도들은 호랑이, 코끼리뿐만 아니라 쥐나 뱀 같은 평범한 동물들까지 여러 동물을 숭배한다.[11] 이들은 특히 소를 신성시한다. 힌두교도들이 소를 숭배하는 이유는 소가 인도 전역에 분포한 소규모 자급 농업에 필수적이기 때문이다. 소는 우유와 노동력을 제공할 뿐 아니라 배설물은 비료와 연료가 된다. 힌두교도들은 자신들의 필요를 충족시켜 주는 소를 고맙게 여겨 이에 대한 보답에서 소를 극진하게 대한다.[12]

인도는 헌법에 동물 복지 조항이 들어 있는 몇 안 되는 나라 중하나다. 인도 독립의 아버지라 할 수 있는 마하트마 간디는 살아있는 모든 생명체에 대한 자비를 주장하며 공개적으로 육식과 동물실험, 동물에 대한 모든 형태의 잔혹 행위에 반대했다.

간디의 영향력은 어마어마했다. 오늘날 인도에서 동물에 대한 착취가 벌어지지 않은 건 아니지만 동물권 운동은 인도에서 더없이 강력하다. 인도에는 동물 보호 단체와 동물권 단체가 수백 개에 이른다. 이중 가장 영향력 있는 단체는 〈청십자Blue Cross〉와 인도 국내에 무려 72개 지부를 둔 〈동물을위하는사람들People for Animals〉이다. 영국에 본부를 두고 있는 〈잔혹하지않은아름다움〉과 미국에 본부를 두고 있는 PETA도 인도에 지부를 두고 지역 안에서 왕성한 활동을 벌이고 있다. 인도의 많은 동물권 조직들은 자신들의 메시지를 전달하기 위해 인도 고유의 문화적·종교적 유산을 이용하며, 유명 인사와 언론, 정부의 지원을 받는다. 황금

시간대 텔레비전 프로그램 중에는 동물 복지 문제를 다루는 것들도 있다. 〈동물을위하는사람들〉의 창립자인 마네카 간디가 진행하는 "머리 아니면 꼬리Head or Tails"와 "마네카의 방주Maneka's Ark"는 매주 2억 명이 시청한다. 마네카 간디는 한 주에 한 번씩 라디오 프로그램도 진행하고 있으며 20개의 신문에 동물에 대한 칼럼을 기고하고 있기도 하다.[13]

아시아의 태도 변화

동물에 대한 처우가 나쁘다는 서구의 평판과는 달리 동남아시아에서도 동물권 운동은 날로 성장하고 있다. 2005년 여론조사기관인 〈모리〉는 동남아시아인 90퍼센트가 인간에게는 동물의 고통을 최소화할 의무가 있고 그 의무를 법률에 반영해야 한다는 생각을 가지고 있다고 발표했다. BBC는 "수백만 명의 아시아인들이 동물 복지를 중요하게 생각한다"고 보도하기도 했다.[14]

중국의 경우 동물 복지 법안은 없지만 동물에 대한 자비가 전통 속에 깊이 자리하고 있다. 대승불교 신도들은 이를 종교적 의무로 여기고 실천하고 있으며, 역사적으로도 중국 농민들은 동물을 존중하고 살갑게 돌보며 지냈다. 하지만 지난 백 년간 서양의

마네카 간디Maneka Gandhi, 1956~
인도의 전 총리인 인디라 간디의 아들과 결혼했지만 남편이 비행기 사고로 사망한다. 이후 적극적인 정치 행보를 보이며 인도에서 사법부 장관과 환경부 장관을 두루 거쳐 정치적 능력을 인정받았고, 환경 보호와 동물권 운동에 앞장섰다. 옮긴이

생활수준은 높아진 반면, 대부분의 개도국들은 빈곤과 정치적 억압에 시달려야 했고 중국도 예외가 아니었다. 많은 중국인들은 만성적인 불안에 시달렸고, 자신들의 안위 말고는 다른 일에 신경 쓸 여유가 없어졌다. 그렇다고 해도 지난 10년간 중국에서는 동물 복지 조직이 상당한 성장세를 보였다. 오늘날에는 〈국제동물복지기금International Fund for Animal Welfare〉, 〈세계자연보호기금〉▪, 〈세계동물보호협회World Society for the Protection of Animals〉, 〈사랑의세계농장Compassion in World Farming〉 같은 조직들이 중국에서 왕성하게 활동하고 있다.

동물권, 보편적 가치로!

중국 정부 역시 동물 문제에 있어서만은 대중들의 의견에 귀

▪ 깊이 읽기

〈세계자연보호기금〉이란?

1961년에 설립된 〈세계자연보호기금〉은 출범 당시에는 〈세계야생동물기금World Wildlife Fund〉에서 시작해 멸종 위기에 처한 야생동물을 보호하기 위한 활동에 전념했다. 그러다가 1981년 영국 여왕 엘리자베스 2세의 부군인 필립공이 총재로 취임한 뒤로 포괄적인 생태계 보존과 공해 방지, 자연 자원의 지속적인 이용을 추진 목표로 삼아 활동 영역을 넓혀 나갔다. 지금은 세계 최대의 민간 자연 보호 단체로 성장했다. 〈세계자연보호기금〉의 마스코트는 중국의 팬더다. 옮긴이

기울이기 시작했다. 2004년 5월, 베이징에 투우 시설을 유치하려던 계획이 대중적인 항의에 부딪혀 무산된 일도 있었다.[15] 곰 쓸개 산업 역시 중요한 사안이다. 의약 성분이 있는 곰의 쓸개는 수천 년간 전통 의약품으로 사용되었다. 야생 개체군이 멸종 위기에 처하자 1980년대부터는 곰을 사육하기 시작했다. 하지만 곰 사육은 곰에게 큰 고통을 안긴다. 사실 곰 쓸개를 대신할 수 있는 합성 및 식물성 대체재는 얼마든지 있다. 결국 중국 정부는 동물 운동 단체의 압력을 받아 1994년 곰 사육 면허 발행을 중단하기로 결정했다. 여기서 그치지 않고 2000년에는 중국에서 사육되는 7천 마리 곰 가운데 5백 마리를 보호구역에 풀어 주는 데 합의했다. 이 보호구역은 동물 보호 단체인 〈애니멀아시아〉가 관리한다. 이제 중국 대중들은 '중국 곰' 구호 운동을 통해 국가적 자부심을 느낀다. 언론과 지역 유명 인사들이 곰 보호 캠페인을 지지하고 있으며, 베이징과 쓰촨 지역 의대에서는 곰의 쓸개를 치료에 사용하지 않겠다고 서약하기도 했다.[16]

동물에 대한 애정은 서구적 취향이 아니다.[17] 다양한 문화와 전통을 가진 전 세계 사람들이 동물 학대에 반대하는 걸 중요하게 생각한다. 거의 모든 나라에 동물 보호 조직이 존재한다는 사실이 이를 증명한다. 일본에는 생체 해부 반대 운동 조직이 있고, 태국에서는 코끼리 보호 운동을 하며, 브라질에서는 유기 고양이 및 개 구조 활동을 하고, 탄자니아에는 야생동식물 보호구역이 있다. 이처럼 전 세계인들은 동물이 보호받을 가치가 있다고 믿는다. 서양 사상가들이 동물의 고통에 신경을 쓴 것은 고작

몇 백 년에 불과하다. 그러나 일부 동양 전통은 수천 년 동안이
나 동물의 기본적인 권리를 보장하고 동물에게 자비를 베풀 것
을 설파해 왔다.

곰 쓸개, 또는 웅담

곰 쓸개인 웅담은 오랫동안 귀한 한약재로 사용돼 왔다. 현재 중국과 베트남, 그리고 한국에서는 만 마리 이상의 반달곰이 웅담 농장에 갇힌 채, 산 채로 쓸개즙을 채취당하고 있다. 웅담 농장의 곰들은 발톱과 이빨, 때로는 잇몸까지 잘린 채 철망으로 둘러싸인 작은 상자에 갇혀 지낸다. 죽기 전까지 수십 년 동안 몸 한번 제대로 움직일 수 없을 만큼 비좁은 공간이다.

보통 쓸개즙은 곰의 배와 담낭에 구멍을 내고 담즙이 밖으로 흘러나올 수 있도록 관을 대어 채취하는데 이 구멍은 박테리아 감염의 완벽한 통로가 되어 대부분의 곰이 복막염이나 패혈증, 그 밖에 온갖 감염으로 시름시름 앓다가 죽는다. 웅담을 채취할 때 곰이 느끼는 공포와 충격은 누구도 상상할 수 없을 정도다.

홍콩에 근거지를 둔 동물 보호 단체인 〈애니멀아시아〉는 "해치지 않는 치료"라는 구호를 내걸고 웅담 채취를 위한 곰 사육에 가장 적극적으로 반대하고 있다. 〈애니멀아시아〉는 "웅담을 모으는 데는 인도적인 방법이란 없으며 웅담을 먹지 못해 죽는 사람도 없다"고 말한다.

환경부의 2009년 사육곰 관리 실태 분석 결과에 따르면, 한국에서는 현재 전국 66개 사육장에서 총 1,140마리의 곰이 웅담 채취 목적으로 사육되고 있다. 2005년 "사육 곰 관리 지침"이 마련되었지만 권고 사항에만 그칠 뿐 법적 규제가 미비하다는 점에서 한계가 있고 같은 해 제정된 "야생동식물보호법"의 취지에 정면으로 위배되는 내용을 담고 있어 문제로 지적된다. 사육 곰은 현행법상 약용으로만 판매하게 돼 있지만 식품과 화장품 원료로도 불법 거래되는 게 현실이다. 2011년 6월 "사육곰관리특별법"이 국회에 발의되었으나 통과되지는 못했다. 옮긴이

▶참고―〈슈프림미마스터티비〉 "동물학대를 멈추자 웅담 농장: 울타리 뒤의 고통스런 현실" (2009년 9월 22일) http://www.suprememastertv.com
〈녹색연합 사육곰특별팀〉, "곰 사육 정책의 실태와 대안: 곰 사육 30년 부끄러운 역사, 이제 마무리하자", 2010.

3 야만적 밥상

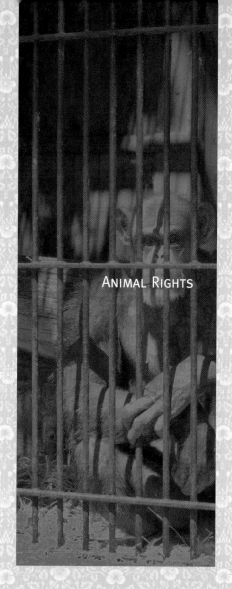

ANIMAL RIGHTS

우리가 먹는 고기는 어디에서 오는가?
공장형 사육 시설의 동물들은 어떤 환경에서 살아
가나?
인도적인 사육 시설의 의의와 한계는?

야만적 밥상

동물성 식품의 생산과 소비 체계는 갈수록 세계화되고 있다. 세계화된 동물성 식품은 농장에서 밥상에 오를 때까지 희소 자원을 고갈시키고 인간의 건강을 위협하면서 지구 생태계를 파괴한다.

"가공하지 않은 곡물과 콩의 비중이 높고 소고기 같은 육류가 적은 식단은 우리 몸에 좋을 뿐 아니라, 일부만 살찌우고 나머지는 굶주리게 만드는 세계체제를 바꾸는 데도 기여한다."

— 월든 벨로Walden Bello(1945~, 활동가)

오늘날 인간이 죽이는 동물 대부분은 식용으로 키워진 동물들이다. 어류를 제외하면 전 세계적으로 매년 도살되는 식용 동물은 2백5십억 마리에 이른다. 많은 활동가들이 현대 사회에서 살코기나 우유, 달걀 같은 식재료를 얻기 위해 동물을 사육하는 것은 근본적으로 잘못되었다고 비판한다. 인간은 동물성 식품을 먹지 않고도 충분히 건강하게 살 수 있다는 것이다. 동물권 활동가들은 지난 50년간 가축 사육의 잔혹함과 착취가 날로 심해졌다고 지적한다. 근본적으로 육식을 반대하지 않는 동물 복지 활동가들마저도 사육의 산업화와 세계화가 심화되면서 대다수 가축들이 열악한 조건에 처하게 됐다고 지적한다.

역사적으로 20세기 중반까지 대다수의 서양인들은 가축들과 상호작용하며 지냈다. 2차 세계대전 직후에만 해도 유럽과 북미의 가축 대부분은 가족 단위의 소규모 농가에서 자랐고, 도축 및 가공 시설은 지역 산업이었다. 오늘날 육류업이나 양계업, 목축업계의 광고를 보면 양과 소가 초지나 짚풀이 깔린 우리에서 자라는 작은 농장의 전원적인 풍경들이 펼쳐진다. 하지만 현실은 절대 이렇게 목가적이지 않다. 오늘날 대부분의 가축들은 현대적인 공장형 사육 시설에서 키워진다. 이 가축들은 대중의 눈길이 미치지 않는 곳에서 살다가 죽어간다. 많은 서양인들은 식재료로 가공되기 전에는 이런 동물들을 직접 만나볼 기회가 없기 때문에 이들이 실제로 어떻게 길러지고 도축되는지 알 길이 없다.

오늘날의 전형적인 농장에는 더 이상 헛간과 목초지가 없다. 그 대신 동물들은 창문이 없는 막사에서 산업용 기계 취급을 당한다. 도축장의 경우 담과 철조망으로 각별히 보안을 유지한 채 조립 라인 기술을 이용해 동물을 죽이고 해체한다. 서구식 공장형 사육 시설이 남반구의 전통 농업을 대체하면서 이 같은 경향은 날로 확산되고 있다.

사육 시설은 제2차 세계대전 이후부터 완전히 성격이 바뀌어 버렸다. 가령 1950년대 북미에서는 새로운 기술이 도입되고 경제가 성장하고 소비가 증가하면서 농업이 확대 재편된다. 다른 부유한 나라에서도 같은 패턴이 이어졌다. 이에 지역적으로 다양한 특색을 자랑하던 농업은 한 가지 작물만 재배하거나 한 종류의 가축만 기르게 되었고 중앙 집중화되었다. 패스트푸드 산업의 성장은 이러한 경향에 일부 힘을 보탰다. 미국 최대의 쇠고기 구매자는 〈맥도날드〉다.

1970년대에 제품 균일화가 필요하다는 생각에 〈맥도날드〉는 더 이상 여러 공급업자와 거래하지 않기로 결정한다. 그 결과 거대 가축 생산업체들만 〈맥도날드〉와 거래를 유지할 수 있었다.[1] 농업의 확대 재편은 1980년대 중반에 절정에 이르렀다. 오늘날에는 한 줌밖에 안 되는 기업들이 북미와 전 세계에서 사육되는 가축 대다수를 통제하고 있다.

우리가 먹는 동물성 식품 대다수는 마치 공장처럼 돌아가는 거대한 산업형 농장에서 생산되고 있다. '공장형 사육'의 목적은 최대한 빠르고 값싸게 많은 고기와 유제품, 혹은 계란을 만들어 내는 것이다. 생산량이 많을수록 판매가가 낮아지기 때문에 육류 소비가 촉진되어 결과적으로 육류 생산업자들의 사업 기회와 이윤이 늘어난다. 미국 양돈업계의 잡지 『돼지 농가 경영*Hog Farm Management*』에서는 이를 다음과 같이 표현한다. "돼지가 동물이라는 생각은 잊고 그냥 공장의 기계인 것처럼 다뤄라. 짜인 시간표대로 다루면 훨씬 수월할 것이다. 번식기는 조립 라인의 첫 번째 단계다. 그리고 마케팅은 완제품을 배송하는 것과 같다고 보면 된다."[2]

값싼 동물성 식품을 생산하기 위해서 주로 두 가지 전략이 사용된다. 첫째, 생산자들은 인건비를 낮추기 위해 가축들을 최대한 작은 공간에서 키운다. 배식과 조명이 기계화된 창고에서 동물을 키울 경우 일손이 아주 적게 들기 때문이다. 공장형 사육 시설에서는 노동자 한 명이 수천 마리의 가축과 수만 마리의 가금류를 돌볼 수 있다.[3]

생산자들은 최대한 많은 동물들을 한 공간에 우겨 넣으려고 애쓰기 때문에 '집약적으로 생산된' 가축 다수에게는 최악의 환경이 조성된다. 가령 돼지 농장은 보통 돼지 5천 마리 이상을 한꺼번에 기른다.[4] 이를 위해 돼지들은 몸을 움직이거나 돌릴 수도 없을 만큼 작은 우리에 갇혀 지낸다. 워낙 비좁은 공간에서 지내다 보니 서로 물어뜯지 않도록 귀와 꼬리를 마취제도 쓰지 않고 잘라 낸다. 바닥에는 흙이나 지푸라기 대신 청소하기 쉬운 콘크리트나 철망이 깔리기 때문에 돼지들은 종종 발이나 발굽 기형에 시달린다.

일반적인 구이용 닭을 기르는 양계장에서는 한꺼번에 4만 5천 마리 암탉을 사육한다.[5] 닭도 너무 좁은 철망에 갇혀 지내기 때문에 몸을 움직이거나 날개를 뻗지 못한다. 비좁은 공간에서 서로를 쪼아 대다가 죽는 일이 없도록 마취제도 쓰지 않고 닭의 부리

광우병과 구제역

영국에서는 집약적인 사육 방식 때문에 광우병과 구제역이 폭넓게 발생했다. 광우병(해면상뇌증)은 중추신경계가 점진적으로 퇴화하는 현상이다. 광우병의 최초 발병 원인은 불분명하지만 과학자들은 광우병에 감염된 다른 동물의 일부, 특히 뇌, 척수, 망막 등을 먹을 경우 확산되는 질병으로 결론 내리고 있다. 즉, 가축 사육업자들이 보통 도살장 바닥에서 쓸어 담아오는 값싼 단백질을 초식 동물들에게 먹이지만 않았더라도 광우병은 절대 이렇게 널리 확산되지 않았을 것이다. 영국에서는 광우병이 처음으로 발견된 1986년 이후로 광우병을 근절하기 위해 470만 마리의 다 자란 소와 198만 마리의 송아지가 살처분됐다. 병에 걸린 고기를 사람이 먹을 경우 광우병에 걸릴 수 있기 때문이다.[1] 하지만 광우병은 2년에서 12년까지 잠복해 있을 수 있고, 가축에게 동물성 사료를 먹이는 관행이 워낙 보편적이기 때문에 병은 쉽게 진정되지 않고 있다. 유럽 전역과 북미에서는 이미 여러 건의 발병 사례가 보고되었다. 영국의 보고는 지금도 계속되고 있다. 자연 상태에서는 풀만 먹는 동물들이 강제로 동물성 사료를 먹다가 수백만 마리가 살처분된 것이다.

구제역은 공장형 사육 시설이 나타나기 전부터 존재했다. 하지만 오늘날 집약적인 사육 조건에서 발생 건수는 엄청나게 늘고 있다. 구제역은 공기를 통해 전염되는데, 공장형 사육 시설은 지나치게 붐비는 데다 일반적으로 환기가 잘 이루어지지 않기 때문이다. 1998년 유엔은 유럽의 경우 동물들이 장거리 이동을 하고 과밀 상태에 있기 때문에 구제역이 발병할 확률이 높다고 경고하기도 했다. 농업의 "세계화와 집약화로 가축이 전염성 질병에 시달릴 위험과 빈도가 늘어났다"는 것이다. 영국은 2001년 구제역에 걸린 가축 2백만 마리를 도살하는 등, 심각한 몸살을 앓았다. 뿐만 아니라 가축 이동 금지 조치가 내려지면서 적절한 사육 시설로 이동하지 못한 가축 150만 마리가 추가로 죽어 나갔다.[2]

하지만 동물들이 구제역에 걸렸다고 해서 반드시 도축해야 하는 것은 아니다. 구제역은 인간에게는 해를 미치지 않고, 8일이 지나면 동물의 전염성도 사라지기 때문이다. 하지만 체중 감소, 우유 생산량 감소, 수태율 저하 등 구제역의 장기적인 영향도 만만치 않다. 미국 농림부는 "동물은 한번 체중이 감소하면 수개월 동안 다시 살이 찌지 않는다"고 밝히고 있다. 병에서 회복된 소는 절대 전과 같은 양의 우유를 생산하지 못한다.[3] 소는 살아 있는 생명체가 아니라 경제적 대상으로 간주되기 때문에 소를 도축할지 여부는 철저히 경제적 관점에서 결정된다. '생산성'이 떨어지는 가축 때문에 손해를 보는 생산자들에게 가장 손쉬운 해법이 바로 대량 살처분이다. 『뉴욕타임스』는 구제역을 가리켜 "경제적 질병" 이라고 보도했다.[4]

집약적인 방식으로 사육되지 않는 가축들도 전염성 질병의 위험에 노출되어 있기는 마찬가지다. 최근 조류독감이 발생하면서 바이러스를 억제하기 위해 1억 마리 이상의 가금류가 살처분되었다. 조류독감은 비좁고 더러우며 환기가 잘 안 되는 옥내 양계장에서 발병했지만 개방형 유기농 농민들마저 가축들을 살처분해야 했다. 이렇게 공장형 사육 시설은 모든 가축들을 위험에 빠뜨린다.[5]

▶출처―1. Animal Aid, "Close Up On BES", www.animalaid.org

2. The Guardian, 19 June 2004; Friends of the Earth, www.foe.co.uk

3. USDA Veterinary Services, Factsheet, January 2002.

4. The New York Times, 6 May 2001.

5. United Poultry Concerns, "Avian Influenza Update", www.upc-online.org

를 잘라 놓는다. 미국 젖소의 절반 가량은 평생 한 번도 들판에 나가보지 못한 채 우리 안에서만 지낸다. 육우용으로 사육되는 거세된 송아지들은 비좁은 비육장이나 운송 트럭에서 서로 들이받지 못하도록 뿔을 잘라 낸다. 물론 마취제는 쓰지 않는다.

밥 먹듯 약 먹기

공장형 사육장의 열악한 환경에서 살아남기 위해 동물들은 평생 항생제를 맞고 산다. [값싼 동물성 식품을 생산하기 위한 두 번째 전략이 바로 이것이다.] 사육 환경이 너무 비좁은 데다 더러워서 병균이 들끓기 때문이다. 매년 전 세계에서 생산되는 항생제의 절반이 가축들의 생명을 부지하는 데 사용되고 있다.[6] 하지만 그중 수백만 마리는 결국 살아남지 못한다. 영국에서는 매년 270만 마리의 칠면조들이 도살되기도 전에 우리에서 죽는다.[7] 2001년 캐나다 연방에서 780개 도살장을 조사한 결과, 도살장 스물두 곳이 소의 경우는 7,382마리, 돼지의 경우에는 4,684마리가 사육 시설에서 이미 치명적인 병에 걸리거나 상해를 입은 상태로 들어온다고 답했다.[8] 양계장에서는 열악한 환경과 스트레스 때문에 매년 10퍼센트에서 15퍼센트의 닭이 죽어 나간다.[9] 돼지의 70퍼센트는 환기 상태가 불량한 밀폐된 우리에서 축적된 암모니아 때문에 폐렴에 걸린 채 도살장에 끌려온다.[10]

공장형 사육장에서 동물들은 소비자들의 구미에 맞게 더 많은 고기를 만들어 낼 수 있도록 몸이 변형된다. 예컨대 닭은 가슴살을 기형적으로 크게 살찌운다. 닭 가슴살의 소매가가 가장 좋기 때문이다. 하지만 뼈대는 덩치에 맞게 자라지 못하기 때문에 자신의 골격으로 몸을 지탱하지 못한다. 이런 닭들은 골절상에 무척 취약하다. 대부분의 가축들은 초식성이지만 육우용 소들은 보통 동물의 부산물과 배설물이 섞인 고단백 식단으로 '완성'된다. 또한 몸무게를 최대한 늘려 더 높은 가격에 판매하기 위해 성장 호르몬을 주입한다. 돼지의 경우 육질을 부드럽게 하는 동시에 칼로리 소모를 최소화하여 무게를 늘릴 수 있도록 움직이지 못하게 한다. 송아지들은 연하고 값비싼 육질을 유지하기 위해 철분을 제거한 사료를 먹는다. 이 때문에 만성 설사에 시달린다. 오리와 거위는 지방질 많고 비대한 푸아그라용 간을 만들기 위해 기계로 강제 급식을 당한다. 젖소는 자연 상태보다 열 배 더 많은 우유를 만들어 낼 수 있도록 호르몬제를 맞는다.[11]

전 세계에서 식용으로 사육되는 동물 대부분은 극도로 밀집된 환경에서 자라난다. 재래식 농장은 이제 이례적인 것이 됐다. 〈월드워치연구소〉의 대니엘 니렌버그Danielle Nierenberg는 돼지와 가금류의 절반 이상, 육우의 43퍼센트가 공장형 사육 시설에서 자라는 것으로 추정한다.[12] 미국에서는 전체 육류의 90퍼센트가 이런 식으로 생산된다.[13] 북미, 유럽, 일본에서는 공장형 사육이 오랫동안 육류 생산을 지배했지만 최근에는 특히 소련, 멕시코, 브라질, 인도, 중국, 태국, 필리핀을 중심으로 다른 지역에서도 뿌리를 내리기 시작했다. 산업 시설이 남반구 지역민들과 생태계를 담보로 이윤을 극대화했듯, 농산업의 공장형 사육 시설도 노동 기준과

공장에서 생산된 계란의 실제 비용

대규모 공장형 양계장에서 부화한 암평아리는 태어난 지 며칠 만에 마취제도 없이 부리를 잘린다. 신발 상자 크기만 한 작은 닭장에서 병아리들이 다른 병아리를 쪼지 못하게 하기 위해서다. 이렇게 부리를 잘라 내고 나면 그 자리에는 거대한 신경이 한데 뭉쳐 생긴 신경종이 자리 잡는다. 신경종은 병아리들에게는 끔찍한 고통이다. [하지만] 생산업자들은 이 같은 관행이 '효율적'이라고 생각한다. 병아리 한 마리의 부리를 자르는 데 고작 0.1달러 밖에 들지 않기 때문이다. [병아리의 부리를 자를 필요가 없는] 좀 더 너른 환경에서 닭을 키우려면 더 많은 부지와 노동력이 들어가 지출이 늘어나게 된다.

알을 낳는 암탉들은 공장에서 부산물로 전락할 수밖에 없는 수평아리를 먹으며 자랄 확률이 높다. 알을 낳지 못하는 수평아리는 양계업의 부산물로, 값싸고 손쉬운 단백질 공급원이기 때문이다. 결국 양계장에서는 알을 낳을 수 있는 암평아리들만 살아남는다. 모래로 목욕을 하는 습관이 있는 암탉은 닭장에서 본능에 따라 몸을 비비기 때문에 가슴 부위에 종종 상처를 입는다. 또한 배설물이 잘 빠져나가도록 설계된 닭장의 철사 바닥을 따라 발톱이 자라다보니 다리와 발에 기형이 생길 수도 있다. 특히 운 나쁜 닭들은 머리가 철창 사이에 끼어서 먹이를 먹지 못하고 굶어 죽기도 한다. 이렇게 빽빽한 시설에는 닭들이 워낙 많기 때문에 닭의 상태를 한 마리씩 살피는 것도, 심지어는 사체를 치우는 것마저도 불가능하다. 사정이 이렇다 보니 산업화된 평균적인 양계장에는 죽어 가는 닭들과 사체들이 가득하다. 상황을 눈으로 직접 목격한 어떤 사람은 "곳곳에 사체가 널려 있다"고 말하기도 했다.[1]

업자들은 닭이 꾸준히 알을 낳도록 하기 위해 '강제 털갈이'라고 불리는 섭식 관리를 시작한다. 6일에서 10일 동안 모이를 주지 않다가 다시 천천히 주기 시작하는 것이다. 이런 방식으로 억지로 털갈이를 하고 나면 번식률이 치솟고 산란 주기가 새롭게 시작된다. 이 과정에서 죽어 나가는 암탉 비중이 약 10퍼센트에 달한다.

1년 정도가 지나면 닭들은 지칠 대로 지친다. 자연 상태의 닭은 수명이 10년에 이르지만 1년간 계란을 3백 개 이상 낳고 나면 계란이 너무 묽어져서 산업이 요구하는 기준에 미치지 못하게 된다. 그러면 이때까지 빛도 못 보고 알만 낳던 닭은 도축장으로 운반된다. 닭에게 모이와 물을 주지 않고도 72시간 내에 운송하기만 하면 법적으로 문제가 되지 않는다. 연이어 알만 낳다 보니 뼈가 약해진 닭들은 운송 과정에서 쉽게 골절상을 입는다. 도살장으로 가는 과정에서 약 15퍼센트에 이르는 닭들이 질병, 부상, 스트레스로 죽는다. 닭들은 '죽음의 작업장'에 도착하자마자 조립라인에 거꾸로 매달린다. 그 뒤에는 전기 충격으로 기절한 상태에서 도살될 수도 있고 그냥 완전히 의식이 있는 상태에서 도살될 수도 있다. 이는 사육장에 따라 다르다.

▶출처─1. Nathan Nobils, "The Abuse of Science by Canadian and US Egg Industries", Two Days of Thinking About Animals(conference), Brock University, 2005.

환경 기준이 엄격하지 않은 나라로 확산되기 시작한 것이다. 세계 최대의 미국 양돈업체인 〈스미스필드푸즈Smithfield Foods〉는 최근 멕시코와 폴란드에 공장을 열었다. 멕시코 정부는 협조적이었지만, 폴란드 정부는 대기업 때문에 재래식 농법을 포기해야 할지도 모른다고 생각한 지역 농민들의 우려 때문에 〈스미스필드〉의 진출을 막고자 했다. 정부의 결정을 지지한 〈폴란드농민연맹〉의 대표는 다음과 같이 말했다. "이건 돼지 수용소나 다름없습니다. (…) 폴란드에도 한때 수용소가 있었죠. 다시는 그런 걸 들이지 않을 겁니다." 지역 활동가들은 독립 농부로서의 자율성을 포기하고 싶지 않았던 것이다. 하지만 〈스미스필드푸즈〉는 지역 기업으로 위장한 업체를 이용하여 돼지를 사육할 수 있는 30여 개의 부지를 매입하는 방식으로 정부의 허를 찔렀다.[14)]

동물 주식회사

가축 생산을 지배하는 건 소수의 대기업이다. 가령 미국에서는 단 4개의 기업이 육우 사업의 79퍼센트를 통제한다. 이중 〈카길〉과 IBP는 캐나다에서도 육우 산업의 74퍼센트를 소유하고 있다.[15)] 〈카길〉은 호주의 육우 산업도 상당 부분 통제하고 있으며, 공룡 기업인 〈콘아그라〉는 중국과 태국의 대규모 가금업 대부분을 지배하고 있다.[16)] 정

• IBP—아이오와 비프 프로세서Iowa Beef Processors의 약자로, 2001년 미국의 또 다른 최대 육류 가공업체인 〈타이슨〉에 인수 합병되면서 〈타이슨후레쉬미트Tyson Fresh Meats〉로 불리고 있다. 옮긴이

도를 지켜 동물을 키우려던 개별 농민들은 이 같은 대기업과의 가격 경쟁에서 밀려나고 있다. 기업형 농업은 이미 세계 대부분의 지역에서 가족형 농업을 대체해 버린 상태다.

세계 최대의 육류 가공업체들은 '수직적으로 통합'되어 있다. 즉, 이들은 생산 시설과 가공 시설, 경우에 따라서는 유통망과 소매업까지 소유하고 있다. 덕분에 기업들은 동물을 운반하고 도살하는 과정에서 추가적인 이윤을 쥐어짤 수 있다. 척박한 사육 시설에서 살아남은 동물들은 도살장으로 가는 긴 여행을 해야 한다. 동물들은 대체로 밀집된 환경에서 사육되다가 여러 나라로 심지어는 대륙을 건너 유통되기 때문에 이 여행은 여러 날이 걸릴 수도 있다. 일부 국가들은 자국 내 가축의 대다수를 수출한다. 호주는 최대의 동물 수출국으로 매년 7백만 마리가 넘는 동물을 해외, 특히 중동 지방으로 보낸다.[17] 이 동물들은 트럭이나 철도뿐만 아니라 수일간 지속되는 항해까지 견뎌 내야 한다. 이 과정에서 선박이 침몰하거나 과도한 장거리 이동으로 동물 대다수가 죽어 나가는 참사가 여러 차례 일어나기도 했다. 가축의 지구적 거래로 동물들이 겪는 고통이 훨씬 늘어났다.

동물들은 28시간에서 72시간까지 걸리는 운송 과정에서 사료나 물, 휴식조차 제공받지 못할 수 있다. 스트레스와 비좁은 환경, 영양 부족과 부적절한 온도 때문에 많은 동물들이 병에 걸리거나 부상을 입고 심지어 죽기도 한다. 운송 과정에서 죽기 일보 직전의 상태로, 또는 이미 죽은 채로 도살장에 도착하는 동물의 수는 캐나다 한 곳에서만 매년 350만 마리에 이른다. 또한 심장마비,

골절상, 탈수, 동상 같은 문제는 훨씬 더 흔하게 일어난다.[18)]

주저앉으면 끝이다

하지만 오늘날에는 도살장에서 이미 죽었거나 죽어 가는 동물을 가공하는 것을 불법 행위로 규정하는 나라들이 많다. 보통 '앉은뱅이downers'라고 부르는 이런 가축들은 대체로 골다공증에 걸려 골절상에 신음하는 '사용가치가 없는' 젖소들이거나, 운송 스트레스로 심장병에 걸려 죽어 버린 돼지들이다. 동물이 스스로 도살장 문을 통과해서 들어가야만 합법적인 도살로 인정받을 수 있기 때문에 도살장 직원들은 병들거나 부상당한 동물들이 제 발로 설 수 있도록 갖은 노력을 한다. 이들은 '주저앉은' 동물들을 발로 차거나 질질 끌거나 혹은 전기 충격을 가해 움직이게 만들기도 한다. 병세나 부상이 너무 심해서 움직이지 못할 지경일 때는 불도저로 트럭에서 끌어내려 그냥 죽도록 방치한다. 도살장에는 절대 자애로운 살육이 존재할 수 없다.[19)]

도살장 안에 들어서면 상황은 더욱 심각해진다. 이윤에 눈먼 도살업자들은 처리 속도를 가차 없이 높여 가축들에게 상상할 수 없는 고통을 준다. 대규모 도살장들은 보통 한 시간에 약 2천 마리씩 도살한다. 대부분의 나라에서는 도살하기 전에 가축을 기절시켜야 한다는 것이 법에 명시되어 있다. (미국과 호주에서는 가금류가 여기에서 제외되고 일부 나라에서는 종교적인 도살 의식의 경우 예외를 인정받는다.) 하지만 작업 속도가 너무 빨라 도살 전에 제대로 기절하지 못하는 동물들이 부지기수다. 언론에서는 동물들이 산채로 컨베이어벨트에 거꾸로 매달려 가다가 가죽이 벗겨지기도 한다는 끔찍한 이야기를 다루곤 한다. 최고의 도살장이라 하더라도 '기절실'을 통과한 동물 가운데 보통 5퍼센트 가량은 의식을 완전히 잃지 않는다는 보고도 있다.[20] 다시 말해서 북미에서는 매년 수백만 마리의 소, 돼지, 양들이 의식이 있는 상태에서 도살을 당한다는 것이다. 이들은 다른 동물들의 피와 내장, 그리고 비명소리에 둘러싸여 고통 속에서 죽어 간다.

축산업과 마찬가지로 어업에서도 엄청난 산업화가 이루어져 〈미츠비시〉와 〈하인즈〉 같은 대기업들의 지배를 받게 되었다.[21] 매년 포획되는 수산물의 양은 약 1억 톤에 달한다. 전 세계 어민 1천2백만 명 중 1천1백만 명은 재래식 기술을 이용해서 이 수산물의 절반가량을 잡는다. 나머지 절반은 3만 7천 대의 상업용 트롤 어선에서 일하는 1백만 명이 포획한다.[22] 기업의 남획으로 전 세계 주요 어장은 심각하게 고갈되었다. 오늘날 전 세계 어류 1천 종 이상이 위협받고 있거나 멸종 위기에 처한 것으로 알려져 있다.[23] 게다가 매년 의도하지 않게 그물에 걸리는 어류, 물새, 거북이, 돌고래 등의 해양 생명체가 2백6십억 킬로그램에 이르며[24] 이런 방식으로 매년 죽는 돌고래가 10억 마리에 달하는 것으로 추정된다.[25] 가장 파괴력이 높은 산업은 새우잡이다. 트롤 어선을 가지고 그물로 바다의 바닥까지 긁고 다니며 해양 생물들의 서식지를 파괴하기 때문이다. 호주의 새우잡이 어선에 걸리는 어자원 가운데 92퍼센트가 새우가 아닌 다른 종들이다.[26] 〈해양보존생물

학연구소〉의 엘리엇 노스Elliot Norse는 새우잡이 산업에 대해 다음과 같이 말한다. "[새우잡이로 인한] 해양 서식지의 파괴는 나무를 깨끗하게 베어 내고 야구장을 만드는 것과 유사하다."[27]

동물권 옹호 집단은 어업이 환경을 파괴할 뿐 아니라 척추동물인 물고기도 고통과 괴로움을 느낄 수 있다는 이유에서 생선 섭취에 반대하는 캠페인을 벌인 적이 있다. 물고기들은 낚싯줄과 그물에 걸려 상처를 입기도 하고 수거되기까지 며칠 동안 고통에 시달린다. 또한 그물을 끌어올릴 때는 물고기들이 급속한 감압 때문에 더 많은 부상을 입게 된다. 마지막으로 배 위에 올라오면 보통은 질식하거나 다른 물고기들의 무게에 눌려 죽게 된다.[28]

공장형 어업

전 세계적으로 어획량이 줄면서 공장형 양식업도 빠르게 성장했다. 오늘날 식용으로 소비되는 어류의 3분의 1이 양식장에서 길러진다.[29] 육지에서 자라는 가축들과 마찬가지로 어류 역시 집약적인 환경에서 자란다. 가령 연어 양식장에서는 물고기 5만 마리를 철창 속에 가두어 키운다. 동물권 활동가들은 대규모 오염이나 야생종 침입 등, 양식장이 환경에 미칠 악영향을 우려한다. 또한 소, 돼지, 닭과 마찬가지로 양식 물고기도 기생충 예방을 위해 항생제나 성장호르몬제를 맞으며 서로에게 상처를 입힐 정도로 심하게 비좁은 공간에 갇혀 있다는 점을 지적하며 양식 물고기에 대한 처우를 비판한다.[30]

이들은 물고기를 잡기 전 며칠간은 물 속 배설물 양을 줄이고 내장 제거 작업을 수월하게 하기 위해 먹이를 주지 않는다는 사실 또한 문제로 지적한다.[31] 게다가 양식 물고기들의 먹이는 보통 자연산 물고기다. 양식 물고기 0.5킬로그램을 생산하기 위해서는 자연산 물고기 2.2킬로그램이 들어간다.[32] 실제로 자연 상태에서 잡힌 물고기의 3분의 1이 양식 물고기와 가축을 먹이는 데 사용되고 있다.[33]

어떤 종이든 공장형 사육 시설에서 사육할 경우, 동물권은 고사하고 동물 복지가 심각하게 침해될 수밖에 없다. '집약적으로 생산된' 식용 동물들은 창고 같은 공간에 갇혀 지내며 이용당할 수 있을 만큼 이용당하다가 어마어마한 규모로 살육당한다. 이윤 앞에 이들의 신체적, 심리적 건강은 깡그리 무시된다. 동물권 활동가들은 산업형 사육 방식이 날로 세계화되면서 착취당하는 동물의 수가 급격하게 늘어나고 이들의 생활 여건이 악화되고 있는 상황을 지켜보면서 경악을 금치 못하고 있다.

인도적인 대안은 존재할까?

최근 '인도적으로 생산된' 고기, 계란, 유제품이 소비자들 사이에서 갈수록 인기를 끌고 있다. 북미에서는 〈휴메인소사이어티〉와 〈동물잔혹행위방지협회〉가 손을 잡고 인증 절차를 만들었다. 호르몬과 항생제를 금하고 가축들에게 적절한 보금자리와 휴식 공간, 본능대로 행동할 수 있는 공간을 보장해 줄 경우 이 인증을 받을 수 있다. 일부 동물 보호 조직은 이렇게 부여된 인증 표식을 인정해 준다. 뿐만 아니라 방목형 유기농법을 통해 육우, 달걀, 우유를 생산하는 곳도 있다. 이 방식은 더 수준 높은 관리를 요구한다. 〈사랑의세계농장〉, 〈가축의윤리적처우를바라는캐나다인들〉, 〈세계동물보호협회〉모두 소비자들에게 방목형 유기농법으로 사육된 동물 제품만 구입할 것을 권하고 있다.

하지만 많은 동물권 옹호 집단들은 '인도적으로 사육'되거나, 유기 방목형으로 생산된 제품이라 할지라도 전혀 잔혹하지 않은 건 아니라고 경고한다. 일부 생산업자들은 주로 소비자들의 양심의 가책을 덜어 주려는 목적에서 그러한 문구를 부착하기 때문에 실제 동물에 대한 처우는 공장형 사육자들보다 아주 조금 나을 뿐이라는 것이다. 또한 이런 동물들 역시 부리와 뿔을 잘리고, 거세를 당하며, 정확한 규정이 없어 바깥에 드나들 수 있다 하더라도 얼마나 오래, 어떤 조건에서 방목되는지 확인할 길이 없다는 것이 이들의 주장이다. 일부 활동가들은 옥외 '접근'이라는 애매한 표현 덕분에 동물들이 대부분의 시간을 좁은 공간에 갇힌 상태에서 보낼 수도 있다고 우려한다. 특히 방목 제품이 독립적인 인증 기관의 관리를 받지 않는다는 점에서 방목 표시에 의구심을 표한다. 소위 방목 제품 생산자들이 소비자들의 눈을 속여 사실상 거의 모든 시간을 우리에 갇혀 지내는 동물을 사게 만든다는 것이다.

활동가들은 어떤 기법을 쓰느냐에 관계없이 모든 가축 사육은 도살을 목적으로 한다는 점에서 동물들에게 잔인할 수밖에 없다고 주장한다. 또한 '인도적으로 사육'되거나, 유기 방목형으로 길러진 동물들도 공장에서 사육된 동물들과 똑같은 방법으로 운송되고 도살될 수 있다는 것이 이들의 지적이다. 엄격한 규제를 따른 유기농 제품이라 하더라도 운송 및 도살 과정에서 스트레스를 최소화하는 지침을 갖고 있지는 않다. 모든 동물들은 장시간 트럭을 타고 가는 동안 먹지도 마시지도 못하는 공포를 맛보며, 도살장에 도착해서는 [도축업자의] 실수로 고통을 받는다.[34]

가축을 학대하지 않는 동물성 식품을 소비할 방법은 정말 없을까? 많은 활동가들은 부정적이다. 〈생추어리농장Farm Sanctuary〉의 공동 설립자인 진 바우어 역시 이런 입장에 서 있는 사람이다. 〈생추어리농장〉은 고기나 유제품, 달걀을 얻기 위해 가축을 키우는 게 아니다. 〈생추어리농장〉은 궁극적으로 전체 축산업이 종식되기를 바란다. 바우어는 육식을 하

• 〈생추어리농장〉 — 1986년 진 바우어가 설립한 북미 최대의 동물 보호 단체로 공장형 농장이나 도축장 등에서 병에 걸려 버려질 위기에 처한 동물들을 구출해 돌보는 활동을 펼치고 있다. 동물에게도 '학대받지 않을 권리'가 있다는 사실을 널리 알리는 데 기여했다. 옮긴이

는 사람들에게 자신들이 먹는 동물들이 어떤 조건에서 살아가는지 직접 눈으로 확인해 보라고 말한다. 동물들이 어떤 잔인한 대우를 받고 있는지 직접 목격한다면 대부분의 경우 고기와 달걀, 유제품을 먹지 못할 것이라는 게 바우어의 생각이다.[35] 다른 많은 동물권 옹호 조직들 역시 이에 동의하며 엄격한 채식을 옹호한다.

유기농 농장을 찾아서

나는 대안적인 사육 방식 가운데서도 가장 엄격한 기준을 따르는 유기농장을 방문하여 동물들이 어떤 처우를 받고 있는지 직접 확인해 보기로 했다. 2월의 어느 추운 날 나는 캐나다 온타리오주 런던 근교의 서니부 농장을 방문했다. 엘리너와 알렉스 부부, 다그마르 세이보스 씨가 운영하는 이 농장에서는 유기농 유제품과 약간의 쇠고기, 그리고 달걀을 생산한다. 이 작은 농장에는 25마리의 젖소를 포함한 소 65마리와 암탉 27마리가 있다. 서니부 농장에서 생산된 우유와 달걀은 〈오가닉메도우협동조합Organic Meadow co-operative〉을 통해 판매된다. 〈오가닉메도우협동조합〉은 캐나다에서 소비되는 유기농 유제품의 80퍼센트를 공급한다. 유기농장에서는 항생제가 엄격하게 금지되고 모든 가축은 유기농으로 재배한 곡물만 먹는다. 동물의 부산물을 사료에 섞는 행위는 엄격하게 금지된다. 일부 동물권 활동가들이 대안적인 사육 관행에도 이의를 제기하고 있다는 사실을 익히 알고 있던 나는 유기농 농장이 어떻게 운영되는지 알고 싶었다.

서니부는 주로 유제품을 생산한다. 젖소의 경우 줄에 묶인 상태에서 풀을 뜯고 나머지 소들은 헛간에 있는 큰 우리에서 자유롭게 돌아다닌다. 기온이 영하로 내려가는 겨울철에는 모든 소가 하루에 두 시간씩 밖에서 지내고 여름철에는 최소한 12시간을 밖에서 보낸다. 하루 종일 밖에 나가 있을 때도 있다. 소들은 모두 한꺼번에 밖에 나갔다가 젖을 짜거나 사료를 먹기 위해 하루 두 번씩 안으로 들어온다.

내가 농장에 방문했을 때는 기온이 영하 15도에 육박했고 소는 모두 실내에 있었다. 처음 안내받아 간 곳은 젖소가 낳은 어린 송아지가 있는 곳이었다. 모든 젖소는 매년 송아지를 한 마리씩 낳는다. 기존의 낙농업과 마찬가지로 송아지들은 태어난 직후부터 어미와 떨어져 지낸다. 어미소가 수유를 하게 되면 우유를 짤 수가 없기 때문이다. 송아지들은 지푸라기가 풍성하게 깔린 우리에서 함께 지낸다. 엘리너는 송아지가 외롭지 않도록 한 번에 두 마리 이상은 함께 지낼 수 있게 신경을 쓴다고 했다. 알렉스는 규정에서는 송아지에게 첫 20일 동안 우유를 먹이라고 하지만 서니부에서는 생후 120일까지 모든 송아지에게 천연 우유를 먹인다고 알려 주었다.

서니부 농장에서 태어나는 송아지의 절반은 수컷이다. 이들 대부분은 유기농 육우로 키워지지만, 다른 농장에 팔려가는 경우도 있다. 엘리너와 알렉스 부부는 수소를 직접 키우는 편을 선호한다. 유기농 송아지라고 해서 관행적으로 사육되는 송아지보다 값을 더 많이 쳐주는 것도 아니기 때문이다. 분명 생산비는 더 많이 드는데도 말이다. 물론 동물에 대한 처우를 직접 통제하는 편을 더 좋아하기 때문이기도 하다. 엘리너는 생후 2~3주가 되면 직접 숫송아지의 뿔을 자르고 거세를 한다. 뿔을 자를 때는 국소마취제를 사용하고 거세를 한 뒤에는 24시간 동안 진통제를 준다. 집약적인 사육 시설에서는 절대 기대할 수 없는 일이다. 거세한 숫송아지들은 생후 24개월이 되어 도살될 때까지 농장에서 지낸다.

서니부는 트럭으로 40분 정도 걸리는 작은 지역 도축장을 이용한다. 이들은 소들이 도축장의 대기실에서 밤새 기다리지 않을 수 있도록 도축하는 날 아침 일찍 보통 한 번에 한두 마리 정도를 데려간다.

서니부 농장의 동물들

다 큰 젖소는 개방형 외양간에 묶인 상태에서 풀을 뜯는다. 엘리너와 알렉스 부부는 외양간을 개조해 소들에게 기존의 농장보다 두 배는 넓은 공간을 확보할 수 있게 했다. 이 외양간에서 소들은 드러누울 수도 있고 몸을 길게 뻗을 수도 있다. 모든 소에는 이름이 있다. 젖소는 이십여 마리 정도밖에 없기 때문에 이들 부부는 소들을 다 알아볼 수 있을 뿐만 아니라 소의 기질과 성장 과정까지 모두 꿰고 있다. 집약적으로 사육되는 젖소들과는 다르게 서니부의 거의 모든 젖소들은 뿔을 그대로 가지고 있다. 이들에게는 충분한 공간이 주어지기 때문에 서로를 뿔로 들이받을 염려가 없기 때문이다. 부부는 하루에 두 번, 한 시간씩 착유기로 젖을 짜낸다.

기존의 낙농업에서는 젖소가 네 살쯤 되면 죽인다. 하지만 서니부에서는 소를 정해 놓은 일정에 맞춰 죽이기보다는 자연사할 때까지 기다리는 방식을 선호한다. 농장에는 열 살이나 열두 살 된 젖소들도 있다. 어떤 소는 열다섯 살까지 살기도 했다. 모든 유기 낙농업장이 소가 자연사하기를 기다려 주는 건 아니다. 그러나 〈오가닉메도우협동조합〉은 최소한 소가 일곱 살이 되기 전에는 죽이지 않는다.

다음으로 간 곳은 양계 시설이었다. 양계 시설은 실내 닭장과 옥외 마당으로 구성되어 있었다. 닭들이 마음껏 파헤칠 수 있도록 바닥에는 두툼한 지푸라기가 깔려 있고 여러 개의 횃대와 부화 상자가 있었다. 닭들은 심하게 춥지만 않으면 마음껏 밖으로 나다닐 수 있다. 한때 닭들이 농장 전체를 돌아다니던 시절도 있었지만 새로운 규정이 생기면서 닭을 다른 가축과 분리해야 했다. 엘리너는 닭들이 완전히 자유롭게 돌아다니게 할 수 없다는 사실을 안타까워했다. 대신 부리와 깃털은 무사히 유지되고 있었다. 앞에서 언급했던 것처럼 집약적인 양계장에서는 생후 며칠 내에 닭의 부리를 잘라 내고 몇 주 안에 털이 뽑혀 나간다. 서니부의 닭들은 이틀에 한 개 정도의 알을 낳는다. 이는 집약적인 양계장의 생산량과 비교했을 때 절반을 조금 넘는 수준이다.

서니부 농장의 농부들

[서니부의] 동물들은 깨끗한 데다, 털과 깃털에는 윤기가 흘렀다. 하지만 집약적으로 사육되는 동물들은 보통 조밀한 환경에서 살기 때문에 지저분하고 습관적인 스트레스, 설사 등에 시달린다. 가령 비육장의 소들은 일상적으로 배설물에 뒤덮인 채 지낸다. 서니부의 소들이 깨끗하다는 것은 그만큼 복지가 양호하다는 뜻이다. 이들은 전반적으로 건강하고 안정되어 있으며, 적절한 사

육 시설에서 살고 있는 것으로 보였다. 콘크리트나 철사로 엮은 바닥은 없었고 항상 신선하고 청결한 짚이 깔려 있었다. 바닥의 배설물을 꾸준히 제거해 주기 때문이다.

엘리너와 알렉스 부부는 모든 유기농 가축들이 이렇게 좋은 환경에서 자라지는 못한다는 사실을 인정했다. 모든 농부들이 비슷한 시설을 갖추고 있는 것은 아니며 헛간 환경을 개선할 수 있을 만큼의 돈이 없다는 사실도 지적한다. 유럽과 다르게 캐나다와 미국 정부는 유기농 농부들에게 정부 보조금을 일절 지급하지 않는다. 하지만 엘리너와 알렉스는 자신들이 알고 있는 유기농 농부 대다수는 가축에게 인도적인 환경을 제공하기 위해 애쓰고 있으며, 그것이 유기농을 시작하는 주요한 동기 중 하나라고 주장했다. 특히 엘리너는 소에 대한 애착이 대단했다. 소들은 나를 무서워하면서도 엘리너에게는 슬그머니 다가가거나 몸을 비비곤 했다. 알렉스는 자신이 알고 있는 유기농 농부들 가운데 돈 때문에 일하는 사람은 없다고 말했다. 대부분의 소규모 유기농 농부들은 안락한 삶을 누릴 능력이 있지만, 아주 부유한 것은 아니다. 알렉스와 엘리너, 그리고 다그마르가 유기농장을 운영하는 것은 이들이 특별한 생활양식과 토지 윤리를 실천하고자 하기 때문이다.

목축업자들이 들으면 심란하겠지만 엘리너와 알렉스 부부는 과도한 육식은 지속 가능할 수 없다고 지적한다. 식용 동물을 집중 사육하지 않는다면 북미인들의 고기 소비량을 결코 충족시킬 수 없을 것이다. 유기농 가축 사육이 대체로 환경에는 훨씬 적은 부담을 주는 건 사실이지만 이를 위해서는 더 많은 땅이 필요하다. 만일 북미에서 매년 도축되는 1백억 마리의 가축들에게 서니부의 가축이 누리는 공간과 똑같은 면적의 공간을 제공한다면 가뜩이나 위태로운 야생 서식지들이 심각한 위협을 받게 될 것이다. 알렉스와 엘리너 부부는 지속 가능한 삶을 위해서는 한 주에 한두 차례 정도만 고기를 먹어야 한다고 말한다.

엘리너는 서니부의 동물들 역시 인간을 위해 존재하다가 결국 도축된다는 점에서 착취당하는 건 마찬가지라고 순순히 인정했다. 하지만 서니부의 동물들은 평생 배려를 받는다. 부부는 아무리 동물들이 잡아먹힐 운명이라 하더라도 이 동물들의 고통과 괴로움을 최소화하기 위해 상당한 노력을 기울인다. 대다수의 집약적인 가축 사육업자들에게는 기대할 수 없는 일이다. 가축들이 서니부 같은 환경에서 지낼 수만 있다면 훨씬 더 살 만할 것이다. 하지만 안타깝게도 도로에서 불과 5마일 정도 떨어진 곳에 공장형 송아지 고기 사육장이 새로 들어섰다. 이곳에서는 창문도 없는 헛간에 3천 마리에서 4천 마리의 송아지들이 비좁게 사육되고 있다. 이것만 봐도 서니부의 동물들이 극히 드문 사례에 해당한다는 사실을 적나라하게 알 수 있다.

동물권 활동가들은 유기농으로 사육된 동물들조차 결국 도축당하고 만다는 사실을 문제 삼으며 모든 축산업은 태생적으로 부정의하다고 말한다. 그러나 유기농으로 사육된 동물들은 집약적으로 사육된 동물들과 똑같은 방식으로 학대받지 않는다. 가축의 건강과 안녕은 유기농 축산업의 핵심이기 때문이다. 이 때문에 많은 동물 보호 조직들은 유기농 축산업을 좀 더 인도적인 대안으로 장려하고 있다.

그런데 유기 방목형 제품의 인기가 올라가자 농업 기업도 여기에 투자하기 시작했다. 동물 복지나 환경문제에 아무런 노력도 기울이지 않던 거대 생명공학 기업인 〈몬산토〉 같은 회사들은 벌써 유기농 식품에 투자하고 있다.[36] 〈콘아그라〉, 〈타이슨〉, 〈카길〉처럼 육류를 생산하는 대기업들과 〈크라프트〉, 〈제너럴밀스〉, 〈하인츠〉 같은 다국적 기업들도 유기농 시장에서 상당한 지분을 보유하고 있다.[37] 대기업들이 유기농 가축 생산을 지배할 경우 동물 복지는 관행 농업에서처럼 뒷전으로 밀리게 될 게 불 보듯 뻔하다. 이런 일을 막기 위해서는 소비자들이 독립적인 지역 농민들을 후원하고, 동물들을 책임감 있게 돌보는 생산자들에게서만 제품을 구입해야 할 것이다.

●관행 농업—현대화된 영농 방법을 가리키는 말로, 가축, 어류, 농작물의 산업적 생산을 목표로 한다. 단일 작물 재배, 화학비료와 농약 사용, 집약적 생산 등을 특징으로 한다. 옮긴이

작고 느린 발걸음

세계 육류 생산이 늘어나고 공장형 사육이 표준적인 방식으로 자리 잡긴 했지만 동물 운동가들은 지난 30년간 사육장의 동물들이 의미 있는 변화를 겪었다고 말한다. 오늘날 많은 유럽 국가에서는 가축에 대한 잔혹 행위를 금지하는 규정을 농업법에 담기 위해 실질적인 노력을 기울이고 있다. 유럽연합에서는 모든 공장

형 사육 시설을 단계적으로 폐쇄하는 한편, 가축에 대한 성장호르몬제 사용을 금하고 있다. 스위스에서는 모든 소들이 일 년에 최소 90일은 자유롭게 바깥을 돌아다닐 수 있어야 하고 알을 낳는 암탉과 새끼를 낳는 암퇘지들에게는 보금자리를 만들 수 있는 짚을 깔아 주어야 하며, 오리에게는 목욕용 물을 제공해야 한다는 내용을 법으로 정했다. 노르웨이에서는 가금류의 부리 자르기를 금지했고, 가축을 발로 차거나 때리거나 낙인을 찍어서도 안 된다. 영국에서는 일부러 모이를 주지 않으면서 강제적으로 털갈이를 하게 해 암탉의 산란 주기를 쉼 없이 돌아가게 하는 것을 금지하고 있다. 유럽연합은 살아 있는 동물들을 이동시킬 때는 한번에 8시간을 넘기지 말 것을 권고하기도 했다. 유럽은 사육 환경을 개선하는 데 앞장서고 있으며, 대중은 복지 수준을 개선하는 데 폭넓은 지지를 보낸다. 아직도 유럽에는 공장형 사육이 계속되고 있지만 가장 질 나쁜 관행들은 점점 사라지고 있다.

미국에서도 몇 안 되는 지역이지만 사육 시설이 서서히 개선되고 있다. 캘리포니아 주는 독일과 이스라엘의 뒤를 이어 오리와 거위에게 푸아그라용 강제 급식을 금지시킨 미국 최초의 주가 되었다. 일리노이 주, 뉴욕 주, 매사추세츠 주에서도 유사한 법안을 검토 중이다.

캘리포니아 주에서는 1995년 우리와 도살장에서 병들거나 부상당한 포유류를 운반하거나 구입하지 못하게 하는 법안을 통과시켰다. '주저앉는' 동물들은 인도적으로 안락사시켜야 하고, 이를 어길 경우 잔혹 행위로 고소를 당할 수 있다. 오리건 주와 워싱

턴 주에서도 유사한 법안을 실행하고 있으며, 뉴욕 주는 검토 중에 있다. 전국적인 차원에서는 미국 농무부 역시 주저앉는 소의 운반을 금지시켰다. 2002년 플로리다 주는 암퇘지 사육 시설▪을 금지함으로써 미국에 좋은 선례를 남겼고, 뉴저지는 모든 가축에 대한 인도적 기준을 공식적으로 마련하는 데 동의했다.

인도적인 기준

이 같은 움직임에 대응하여 〈맥도날드〉, 〈버거킹〉, 〈웬디스〉 같은 일부 거대 패스트푸드 체인점에서는 국내 도살 규정보다 좀

▪ 깊이 읽기

암퇘지 사육 시설

"가장 철저하게 갇혀 지내는 돼지는 번식용 암퇘지다. 공장식 농장의 엄격한 생산 일정상, 이 돼지들은 최대한 빨리 새끼를 낳고 또 낳아야 한다. 즉 살면서 대부분을 새끼를 밴 상태로 보내야 한다. 16일 정도 지속되는 임신 기간에, 대부분의 암퇘지들은 (미국의 경우) '임신용 우리gestation crate'에 갇혀 지낸다. 그것은 철창으로 지은 상자형 또는 반원형 우리로, 돼지의 몸보다 기껏 1피트(약 30센티미터)나 클까말까이다. 그래서 그 속에 갇힌 암퇘지는 몸을 돌릴 수도 없다. 미국의 10대 양돈업체에서 사육하는 180만 마리의 번식용 암퇘지들 중 90퍼센트는 이런 식으로 사육된다. 그리고 업계 전체로 보면, 80퍼센트 정도이다."

▶출처─『죽음의 밥상: 농장에서 식탁까지, 그 길고 잔인한 여정에 대한 논쟁적 탐험』, 피터 싱어 지음, 함규진 옮김, 산책자, 2008.

더 강력한 인도적인 기준을 따르는 데 합의했다. (KFC와 타코벨을 소유한 〈얌푸드Yum Foods〉는 이를 거부했다.) 패스트푸드 산업은 세계 최대의 육류 구매자라는 점에서 이는 중요한 진전이라 할 수 있다. 이들이 새로 설정한 기준은 산업계 전반에 엄청난 영향을 미치고 있다. 템플 그랜딘의 연구 덕분에 미국에서 도축되는 포유류의 절반 이상이 축산업계에서는 '천국으로 가

●템플 그랜딘Temple Grandin —자폐증 계몽 운동과 가축의 권리 보호를 위해 활동하고 있는 동물학자이자 자폐증 환자. 옮긴이

는 고속도로'라고 일컫는 활송 장치에서 도축된다. 그랜딘이 고안한 이 활송 장치는 동물의 자연스러운 무리짓기 본능을 자극하는 한편, 스트레스 최소화를 위해 도살장 바닥을 볼 수 없게 가려준다.[38] 동물권 활동가들은 그랜딘의 장치마저도 동물에게는 끔찍한 살육을 위해 준비된 것일 뿐이라고 지적하지만, 이 활송 장치가 널리 채택되었다는 사실은 최소한 축산업계에 압력이 가해지고 있고, 축산업계가 그 대응으로 동물의 복지 수준을 개선하려는 노력을 하고 있음을 보여 준다.

진보와 도전

북미인들은 세계에서 육류를 가장 많이 소비한다. 하지만 대중들은 갈수록 잔혹한 방식으로 생산된 제품들을 꺼림칙해한다. 1980년대 동물 운동이 식용 송아지가 어떻게 사육되고 있는지 대중들에게 알린 뒤부터 송아지 고기 생산량이 60퍼센트까지 하락

한 일도 있었다.[39] 미국인 가운데 약 6퍼센트가 채식주의자인데, 의사들은 특히 젊은이들 사이에 채식주의가 보편화되고 있다고 본다.[40] 캐나다에서는 15세에서 18세 사이 청소년의 8퍼센트가 채식주의자다.[41] 이 같은 경향은 향후 북미의 소비 양상이 급격하게 변할 수 있음을 시사한다. 〈맥도날드〉, 〈버거킹〉, 〈하디스〉 같은 패스트푸드점들은 채식 버거를 메뉴로 출시하는가 하면 북미 대부분의 음식점에서도 이제 채식 식단을 제공하고 있다. 15년 전만 해도 상상할 수 없던 일이다.

이 같은 진전에도 동물권 활동가들은 식용 동물에 대한 산업적인 착취 반대 운동이 그 어느 때보다 중요하다고 느낀다. 서구 사회에서 대중들의 비난이 점점 거세지자 많은 농산업체들이 환경법과 동물 복지법이 비교적 엄격하지 않은 남반구로 농장을 이전하고 있기 때문이다. 비판가들은 재래식 농법을 보존하기 위한 국제적인 노력을 기울이지 않을 경우 집약적인 축산업이 전 세계 가축 생산을 지배하게 될 것이라며 우려를 표하고 있다.

4 잔인한 오락

ANIMAL RIGHTS

인간에게 즐거움을 주기 위해 얼마나 많은 동물들
이 얼마나 심하게 학대받고 있는가?
동물원과 해상공원은 진정 동물들을 위한 공간인가?
애완동물을 기르는 것도 동물 착취일까?

잔인한 오락

우리가 접할 수 있는 거의 모든 사회에서 동물들은 인간에게 '즐거움'을 제공해야 하는 의무를 짊어진다. 동물들은 종종 서커스, 사냥, 경주 등 수많은 '오락' 때문에 무지막지한 고통에 시달린다.

성별과 나이를 막론하고 사람들은 불가항력적으로 [동물과의] 친밀한 접촉에 끌리는 듯하다.

— 애나벨 사블로프Anabelle Sabloff, 『자연계의 질서를 바꾸다Reodering the Natural World』에서[1]

인간은 동물에게 깊은 애정을 보이며 수천 년간 동물과 상호작용해 왔다. 선사시대에는 사냥을 위해서, 또는 반려 삼아 개를 길들이고 훈련시켰고, 고대 이집트인들은 고양이를 신적인 존재로 숭상하며 길렀다. 로마인들은 콜로세움에서 사람과 동물이 싸우는 것을 재미 삼아 관람하기도 했다. 곰 놀리기와 소 물어 뜯기, 투견, 투계 같은 유희는 중세시대부터 널리 확

•곰 놀리기와 소 물어 뜯기─ 울타리 안에 곰이나 소를 묶어 놓고 개를 풀어 놔 싸움을 붙이는 오락. 한때 영국에서 성행했으나 1835년부터 금지됐다. 옮긴이

산되기 시작했다. 오늘날에는 동물을 관찰하고 보살피기 위해, 심지어는 동물과 겨루기 위해 동물과 일대일 관계를 맺고자 하는 욕구가 꾸준하게 증가하고 있다.

대부분의 아이들은 동물원이나 수족관에 가거나, 서커스장의 코끼리 등에 올라타거나, 애완동물 가게에 들르기라도 하면 좋아서 어쩔 줄 몰라 한다. 다 큰 어른들도 마찬가지라서 자기 아이에게 같은 경험을 심어 주고 싶어한다. 선진국의 많은 사람들은 자연을 직접 접해 본 적이 없기 때문에 가공된 환경에서라도 동물들과 유대를 맺기를 갈망한다. 심지어는 사냥을 오락 삼아 하는 사람들도 살상 행위를 통해 동물들과 사실상 교류한다고 느낀다.

사람들은 언제나 동물과의 유대를 원했지만, 특히 지난 백 년 동안 동물을 이용한 오락과 친교는 수십억 달러짜리 세계적인 산업으로 자리 잡게 되었다. 말 그대로 수십억 마리의 동물들이 전 세계에서 오락과 친교용으로 이용되고 있다. 활동가들은 동물들을 아무리 자애롭게 대한다 해도 인간의 즐거움을 위해 동물을 이용하는 것은 해당 동물에게 심각한 해를 미친다고 우려한다.

사냥

스포츠로서의 사냥은 특히 북미에서는 보편적인 오락이다. 미국에서는 매년 사냥 용품을 구입하는 데 2백1십억 달러가 쓰이고 사냥으로 생명을 잃은 동물은 1억 3천4백만 마리에 이른다.[2] 캐나다에서도 오락용 사냥이 널리 확산되어 브리티시컬럼비아 주에서만 매년 1억 달러가 사냥에 쓰이고 있다.[3] 유럽은 북미에 비해 야생 서식지와 야생동물의 수가 적기 때문에 그나마 사냥이 그렇게 보편적이지 않다. 대신 영국에서는 농촌에서 개를 데리고 하는 사냥이 상류층 사이에 인기가 높다. 동물의 기본적인 권리를 인정하지 않는 동물 복지 운동가들조차도 스포츠로서의 사냥은 너무 잔혹하다고 보고 사냥을 막기 위해 전 방위의 로비 활동을 벌인다.

북미와 유럽에서 이루어지는 대부분의 사냥은 고기나 가죽을 얻기 위한 것이 아니라 그저 즐기기 위한 것이다. '추격하는 스릴'과 수북하게 쌓인 전리품이 주요 동기다. 사냥꾼들은 종종 사냥감을 잡기 위해 정교한 기술을 동원한다. 전자 추적기나 열 감지 추적기, 고성능 망원경, 야간용 고글, 전천후 운송 수단 등은 사냥꾼들의 승률을 상당히 올려 준다.[4] 이들은 사냥감들이 동면을 끝낼 무렵 호출 장치와 '사향'이나 사슴의 오줌으로 유인해 먹잇감으로 꾀어낸다.

이 같은 첨단 기술은 동물에게는 좀 더 치명적이긴 하지만 그래도 재래 사냥 기법보다는 더 '인도적'일 수 있다. 재래 사냥 기법을 이용하는 사냥꾼들 모두가 사냥감을 실제로 포획할 수 있을 정도로 숙련된 건 아니기 때문이다. 가령 총알로는 동물을 그 자리에서 즉시 죽일 수 있지만 화살을 이용할 경우 엄청난 피를 흘리며 한참을 고통 받다 죽게 될 수 있다.[5] 예를 들어 화살을 두 마리에게 쏜다면 한 마리가 즉사하더라도 다른 한 마리는 도망가기 마련인데, 도망간 한 마리 역시 [상처 때문에] 괴로워하다 천천히

죽는다.[6)]

특히 멸종 위기종 **에 대한 사냥은 심각한 우려를 낳고 있다. 일부 유럽과 북미의 사냥꾼들은 커다란 사냥감을 잡으려고 아프리카와 아시아까지 건너간다. 〈잔혹스포츠방지연맹League Against Cruel Sports〉에 따르면 남아프리카 일부 지역에서는 사냥이 관광 수입의 상당 부분을 차지한다. 1996년부터 2002년까지 유럽 사냥꾼들은 아프리카 코끼리 3,812마리, 표범 2,623마리, 개코원숭이 2,006마리, 치타 539마리를 죽였다.[7)] 개코원숭이를 제외한 나머지 모든 종들은 멸종 위기종이다.

같은 기간 유럽 사냥꾼들은 중국으로 건너가 역시 멸종 위기에 처한 회색곰 2,119마리를 죽였다. 하지만 이는 일부에 불과하다. 브리티시컬럼비아 주를 방문하는 해외 곰 사냥꾼들의 80퍼센트가 미국인들이기 때문이다.[8)] 지난 몇 백 년간 수많은 동물들이 사냥으로 멸종당했고, 오늘날에도 갈수록 많은 종들이 멸종 위기에 처하고 있다는 점에서 동물권 활동가들과 보호주의자들 모두 국

■ 깊이 읽기

멸종 위기종

개체수의 급격한 감소로 멸종 위기에 놓인 동식물군을 가리킨다. 〈국제자연보호연합(IUCN)〉은 '레드데이터북Red-Data Book'을 만들어 멸종 위기종을 소개하고 보호를 촉구하고 있다. 홈페이지(http://www.iucnredlist.org)를 방문하면 레드데이터북에 등재된 멸종 위기종을 찾아볼 수 있다. 옮긴이

제적인 사냥에 우려를 표한다. 하지만 동물권 활동가들은 멸종위기종뿐만 아니라 모든 동물에 대한 사냥을 반대한다. 일반 동물들 역시 고통을 느끼기는 마찬가지기 때문이다.

특별한 사냥술 없이도 동물을 죽이는 경험을 하고 싶다는 사람들을 위한 '통조림 사냥canned hunts'도 갈수록 인기를 얻고 있다. 원하는 사람은 사냥용 목장에 갇힌 동물들을 총으로 쏘기만 하면 된다. 이국적인 동물을 키우는 사냥용 목장도 있지만 대부분은 동물원에서 구입한 '잉여' 동물들이다.[9], 사슴이나 엘크 같은 사냥 '인기종'을 풀어 놓는 곳도 있다. 사냥용 목장 안에서는 동물들이 전혀 탈출할 수 없다는 점에서 동물권 활동가들은 특히 우려를 표한다. 야생의 본능을 상실한 채 울타리 속에 갇힌 동물들은 인간을 겁내지 않기 때문에 너무나 쉬운 표적이 된다. 농장에서 사육되는 야생동물들은 질병에도 취약하다. 사냥용 목장에 전염병이 발생할 경우 동물들이 떼죽음을 당하는 것은 물론, 지역의 가축과 야생동물들에게도 질병을 옮길 수 있다.[10] 많은 사냥꾼들조차 사냥용 목장은 길들여진 동물들을 손쉽게 살상한다는 이유로 탐탁지 않아한다. 그럼에도 미국과 유럽에서는 '통조림 사냥'이 아예 자리를 잡았으며 캐나다에도 침투하기 시작했다.

사냥의 자유와 종교의 자유를 동일시하는 많은 사냥꾼들은 정부가 사냥권을 보호해 주어야 한다고 생각한다.[11] 많은 나라에서 사냥 로비 집단은 정부에 상당한 영향력을 행사하고 있으며 일반적으로 자연보호와 야생동식물 규정을 마련할 때 이들의 의견을 참고한다.

투우

투우는 캐나다, 미국, 영국에서는 불법이지만, 에스파냐, 포르투갈, 프랑스, 남미 일부 국가에서는 보편화되어 있다. 투우를 지지하는 이들은 투우가 중요한 전통이므로 보존해야 한다고 주장한다. 하지만 여러 연구에 따르면 투우를 구경하는 이들 대부분은 지역민들이 아니라 외국 관광객이다. 한 갤럽 조사에서는 에스파냐인들의 69퍼센트가 투우장에 갈 생각이 없다고 답했다. PETA는 투우가 사라지지 않는 것은 주로 미국 관광객들 때문이며, 투우를 지지하는 가장 큰 세력 가운데 하나가 관광업계라고 꼬집는다.[12]

투우는 고통스러우면서도 지루한 과정이다. 먼저 '기마 투우사picadors'라고 하는 남성이 소를 추격하며 약을 올린다. 그런 다음 투우사들은 소가 지쳐 쓰러질 때까지 2인치[약 5센티미터]짜리 대못과 가시가 달린 투우용 투창을 가지고 소를 찌른다. 쓰러진 소는 경기장에서 바로 죽임을 당하거나 아니면 트럭에 실려 갔다가 나중에 도축된다. 경우에 따라 귀와 꼬리를 잘라 투우사에게 영예의 선물로 선사하기도 한다. 이 상황에서 소의 목숨이 붙어 있는 경우도 있다. 투우는 수익성 높은 볼거리인 데다가 사람들은 인기 있는 투우사들에게 멋진 실력을 기대하기 때문에 소를 쉽게 쓰러뜨릴 수 있도록 경기에 투입되는 소의 20퍼센트는 사전에 불법적으로 약물을 주입당하거나 사리염[설사제의 일종]을 먹고 탈수 상태로 경기에 투입된다. 시력을 감퇴시키기 위해 소의 눈을 바세린으로 문지르기도 한다. 투우의 희생물은 소만이 아니다. 말도 매년 약 2백 마리씩 피범벅이 되어 죽어 간다. 기마 투우사들 중에는 자기가 탄 말의 눈을 가리는 이들도 있기 때문에 화가 나서 돌격하는 소들이 방향 감각을 상실한 이 말들을 들이받는 경우가 빈번하다.[13]

많은 운동 단체들이 투우를 중단시키기 위해 로비를 벌인다. 그동안 에스파냐 전역에서 대규모 시위와 서명 운동이 진행되었고, 일부 자치단체에서는 투우를 이미 금지시켰거나 문제가 있다는 입장을 취하고 있다.

로데오

북미에서는 로데오가 어마어마한 인기를 누린다. 미국과 캐나다 대중들은 서부 개척지 전통과 카우보이, 목장주, 농민에 대한 신화 때문에 로데오가 자신들의 뿌리와 맞닿아 있다고 생각한다. 미국에서만 매년 로데오를 관람하는 사람이 2천5백만 명에 이른다.[14] 하지만 대부분의 로데오는 해당 동물에게 상당한 불편과 고통을 안겨 준다. 많은 경우 로데오는 유혈 스포츠로 분류할 수 있다. 하지만 캘거리에 소재한 〈휴메인소사이어티〉에 따르면 사람들은 로데오 경기를 개혁하는 데 큰 관심을 두지 않고 있다. 전통을 지키는 목장주라면 절

● **캘거리**Calgary—캐나다 앨버타 주 남부에 있는 도시로, 매년 여름에 열리는 로데오 축제로 유명하다. 캘거리 스탬피트 축제는 매년 수백만 달러의 수익을 벌어들인다. 옮긴이

대로 사람들이 재미 삼아 자신들의 소중
한 동물들을 괴롭히거나 학대하게 내버
려 두지 않았을 텐데도 사람들은 로데오
에서 유구한 전통을 찾으려는 것 같다.
가령 예전에는 송아지 올가미 던져 묶기 따
위는 재미 삼아 하는 일이 아니었다. 병
든 송아지 수의사에게 끌고 가 치료받게
할 때 쓰던 방법이었을 뿐이다.[15]

•송아지 올가미 던져 묶기─
로데오 경기 종목 가운데 하
나로 말을 탄 채로 송아지를
쫓아가서 올가미로 잡은 다음
송아지의 다리를 밧줄로 꽁꽁
묶는 경기다. 가장 빨리 송아
지를 묶는 사람이 경기의 승
자다. 옮긴이

요즘 로데오에서는 순하게 길들여진 말과 소를 날뛰게 만들려
고 전기 충격을 주거나 아랫배를 줄로 묶어 쥐어짜듯 비틀면서
사타구니에 압력을 가한다. 게다가 동물들은 경기가 진행되는 동
안 심각한 부상을 입거나 죽기도 한다. 미국 농무부의 한 육우 검
사관은 도살장으로 끌려온 로데오용 말과 소들은 너무 심한 타박
상을 입어서 피부와 근육이 거의 분리되다시피 들어온다고 말하
기도 했다. 늑골이 부러지고 폐가 파열되는 동물들도 많다.[16] 이
때문에 동물권 활동가들은 로데오가 사회적으로 공인된 동물 학
대일 뿐이라고 주장한다.

경마와 개 경주

말과 개의 경주는 수백 년간 인기 있는 노름용 스포츠였다. 전
세계적으로 매년 수십억 달러가 이 노름에 쏟아져 들어간다. 얼
핏 보면 말이나 개가 달리는 건 매우 자연스러운 행위처럼 보인

다. 하지만 경마와 개 경주 산업은 인간이 역사적으로 유대 관계를 맺어온 동물들을 체계적으로 착취한 뒤 목숨을 빼앗는다.

말과 개에게 전문적인 경주는 지독한 고역이다. 자연 상태에서와는 달리 짧은 시간 동안 폭주해야 하기 때문이다. 경주가 없을 때는 몸을 움직일 수 없을 정도로 비좁은 마구간과 개집에 갇혀 지낸다. 경주마는 종종 하루 20시간씩 마구간에 갇혀 있고[17] 그레이하운드는 하루 22시간까지 가로 세로 길이가 각각 90센티미터에 불과한 상자 같은 공간 속에 끼어 지낸다.[18] 이 때문에 경주마와 경주견은 의학적으로 심각한 문제를 겪을 수 있다. 먼저 운동 부족에서 오는 뼈 손상과 경주 스트레스에 시달린다. 게다가 경주마 중 폐출혈로 고통 받는 말은 55퍼센트, 위궤양에 걸린 말은 100퍼센트에 이른다.[19] 그레이하운드들은 보통 진드기매개질병이나 기생충, 지아디아 감염 때문에 고생한다. 경주마 중 평균적으로 30퍼센트는 항상 병들거나 부상당한 상태에 놓여 있다.[20]

경주에서 우승할 경우 엄청나게 많은 돈을 벌 수 있기 때문에 조련사들은 성적을 극대화할 수만 있다면 무슨 일이든 한다. 더 빨리 달릴 수 있도록 경주마를 의학적으로 '개조'하는 것은 그렇게 드문 일도 아니다. 일반적인 관행으로 '튜브 꽂기'와 '핀 발사'가 행해진다.

튜브 꽂기는 말의 목에 금속관을 삽입하여 폐로 유입되는 공기의 양을 늘려 주는 것이다. 핀 발사는 부상당한 인대나 힘줄에 뜨겁게 달군 바늘을 꽂아 염증을 자극함으로써 말이 부상당한 상태에서도 달리게 만든다.[21] 암컷 그레이하운드에게는 근육 증강제인 메틸 테스토스테론을 꾸준히 주사해 월경을 중단시키기도 한다. 말과 개 모두 부상당한 상태에서도 달릴 수 있도록 진통제를 맞는 건 일상이다.

미국에서는 매년 2만 마리의 그레이하운드가 처분된다. 병들거나 부상당하거나, 아니면 너무 느려 승산이 없는 동물들이다.[22] 영국에서는 매년 약 1만 마리의 그레이하운드가 죽어 나간다.[23] 바로 죽이지 않고 동물 보호소로 가는 동물도 있지만 과학 연구용으로 실험실에 기증되는 동물도 있다. 예컨대 1995년과 1998년 사이 콜로라도 주립대 한 곳에서만 연구용으로 기부 받은 그레이하운드가 2,650마리에 달했다.

식용 말

말을 돌보는 데는 꽤 많은 비용이 들기 때문에 경주에 내보낼 정도로 빠르지 않은 말들 역시 처분된다. 미국에 등록되어 있는 경주마는 64만 마리에 달한다. 하지만 아무리 잘나가던 경주마라 하더라도 3년 이상 활동하기 힘들다. 하지만 말의 수명은 30년이기 때문에 결국 매년 수천 마리가 식용으로, 애완동물의 사료로 도축된다. 한편, 매년 경마업계에서는 수만 마리의 혈통 좋은 망아지들이 새로 태어난다. 미국에서 3만 5천 마리, 영국에서는 1만 5천 마리가 태어난다. 다른 식용 동물들처럼 경주용 망아지들도 집약적으로 사육되면서 '작물' 취급을 당한다. 매년 태어나는 망아지들 중에서 충분한 기량을 보여 실제로 경주마가 되는 경우는 절반도 안 된다. 망아지들이 너무 많다 보니 입양 가정이나 보호소를 찾기도 쉽지 않다. 따라서 '불량품' 다수는 어쩔 수 없이 식용으로 생을 마감하게 된다.

서커스

'서커스'하면 사람들은 종종 가족들과 화목했던 시간이나 즐거웠던 시간을 떠올린다. 하지만 동물 운동가들은 서커스가 보여주는 동물들의 공연은 끔찍하기 그지없다고 말한다. 서커스에 출연하는 야생동물들은 가장 기본적인 필요라고 할 수 있는 '공간'을 보장받지 못한 채 살아간다. 야생 상태의 사자는 보통 약 204제곱킬로미터에서 404제곱킬로미터, 인도호랑이는 204제곱킬로미터에서 155제곱킬로미터, 코끼리는 134제곱킬로미터에서 3,500제곱킬로미터를 활보하고 다닌다. 세계 최대 서커스단 중 하나인 〈링링브라더스Ringling Brothers〉는 일곱 마리에서 아홉 마리 정도 되는 커다란 고양이들을 10미터 정도 되는 우리에 넣고 다닌다. 하지만 다른 서커스단에서는 1미터×2미터 크기의 우리에 동물을 한 마리씩 넣고 다닌다.[24] 코끼리의 경우 두 다리를 사슬로 묶되 충분히 늘어뜨려 조금씩 걸어 다니거나 드러누울 수 있게 해 주기도 하지만, 전기 울타리가 쳐진 우리에 갇혀 지내기도 한다. 당연히 코끼리의 움직임은 심하게 제약받을 수밖에 없다. 야생동물이 심신의 건강을 유지하기 위해서는 충분한 공간이 필요하다. 하지만 아무리 시설이 좋은 서커스라 하더라도 그 정도로 동물을 살피지는 못한다.

서커스단은 여러 나라와 대륙을 이동하고 심지어는 세계 일주를 하기도 한다. 서커스단은 매년 평균 40주에서 50주를 여행하며 보낸다. 즉, 동물들은 생에서 가장 많은 시간을 우리에 갇힌 채, 난방과 배수도 잘 되지 않는 이동 수단에 갇혀 지낸다는 말이다.

서커스 동물들은 야생에서는 결코 시도할 일 없는 재주를 부려야만 한다. 조련사들은 동물들에게 재주를 가르치기 위해 갈고리가 달린 막대기, 채찍, 전기 침 등을 이용한다. 조련사들은 체벌을 통해 동물들에게 공포와 고통을 주고 위협함으로써 호랑이가 불타는 고리를 통과하고, 코끼리가 물구나무를 서며, 곰이 자전거를 타게 만든다. 서커스 동물들은 이 같은 대우를 받다가 심각한 정신 질환에 걸리기도 하는데, 개중에는 조련사에게 지나치게 의존하거나 자해를 하는 동물도 있다.

서커스단에서 동물에 대한 '폭넓고도 체계적인 학대'가 이루어지고 있다는 보고가 수십 차례 이어져 왔다.[25] 1992년 이후로 〈링링브라더스〉 서커스단에서만 최소 19마리의 코끼리가 죽었다. 8개월 된 코끼리는 재주를 부리다가 뒷다리 두 개가 모두 부러져 안락사를 당했다. 하루 23시간 동안 콘크리트 바닥에 서 있다가 관절염에 걸려 안락사를 당한 코끼리도 있고 조련사의 매질을 피하려다 연못에 빠져 익사한 경우도 있었다.

1999년 미국 농무부의 한 조사관은 어미와 강제로 떼어 놓으려고 사슬로 묶는 바람에 심한 상처를 입게 된 새끼 코끼리 두 마리를 봤다.[26] 농무부에서는 "동물을 잘못 처우한 사례로 (…) 〈링링브라더스〉를 백 번 이상 거론했다." 또한 1998년에는 농무부가 "죽어 가는 새끼 코끼리에게 필요한 수의학적 관리를 제공하지 않은 데 대한 책임"을 물어 〈링링브라더스〉에 2만 달러의 벌금을 청구한 일도 있었다.[27]

• 〈태양의서커스단Cirque de Soleil〉―캐나다 퀘벡 주 몬트리올에 근거지를 둔 세계적인 서커스단. 전통적인 서커스에 무용과 오페라, 음악, 코미디를 결합해 서커스를 예술로 승화시켰다는 평을 받는다. 옮긴이

동물을 이용한 서커스에서는 죽음, 부상, 심각한 학대가 일반적이기 때문에 동물 복지 운동가들과 동물권 운동가들 모두 이 같은 일을 막기 위해 애쓴다. ▪ 운동가들의 관점에 동의하는 서커스단도 있다. 〈태양의서커스단〉에서 예술 기획자로 일하는 피에르 파리지엥Pierre Parisien은 다음과 같이 말했다. "우리 공연에는 [동물이] 절대로 나오지 않을 겁니다. 동물은 야생에 있어야지 공연을 하고 있어선 안 됩니다."

해상공원

해상공원은 많은 점에서 서커스와 유사하다. 일부 해상공원은 보존과 교육이라는 본래 역할에 충실하지만 대다수는 주로 돌고래와 범고래 쇼로 사람들을 유인하는 오락 시설에 불과하다.[28] 서커스 동물들과 마찬가지로 돌고래와 범고래는 아주 작은 공간에 수용된다. 돌고래는 원래 하루 약 40킬로미터를, 범고래는 약 160킬로미터를 헤엄친다. 하지만 해상공원에서는 가로 세로 각 7미

터 길이에 깊이가 2미터도 안 되는 수조 속에 갇혀 지낸다.[29] 수조 한쪽 끝에서 다른 한쪽까지 헤엄쳐 가는데 몇 초 밖에 걸리지 않는다. 포획된 거의 모든 고래들은 너무 많은 시간을 해수면 위에서 보내기 때문에 등지느러미가 벗겨져 나간다.[30] 고래목의 동물들은 음파를 이용해 의사소통을 하고 방향을 탐지하는데, 이러한 음파가 수조 벽에 반사되다 보니 "의미 없는 소음들이 뒤죽박죽되어 오히려 혼란을 일으키고 방향감각을 상실하게 만든다"는 문제도 있다.[31] 한 전문가는 거울로 둘러싸인 방에서 살아가는 사람을 상상해 보라고 말한다.[32]

　박테리아를 죽이기 위해 수조는 염소로 자주 소독해 줘야 한다. 특히 수족관을 찾은 방문객들이 고래들을 만질 수 있는 '체험' 수조는 염소 소독이 필수다. 하지만 염소는 심각한 눈병과 피부병, 심지어는 실명을 유발할 수도 있다.[33] 플로리다의 오션월드

■ 깊이 읽기

동물 서커스는 불법!

동물 서커스를 금지한 나라

오스트리아, 코스타리카, 덴마크, 핀란드, 인도, 노르웨이, 싱가포르, 스웨덴, 스위스

일부 주나 지자체에서 동물 서커스를 금지한 나라

호주, 브라질, 캐나다, 베네수엘라, 영국(2백 곳 이상의 지자체), 미국

는 과도한 염소 소독으로 돌고래의 피부가 벗겨지자 폐장했다.[34]

포획 상태의 돌고래와 고래들도 서커스 동물들과 마찬가지로 사람들에게 볼거리를 제공해야 한다. 이들의 많은 행동들이 '놀이'처럼 보이지만 사실 먹이를 먹기 위한 몸부림이다. 재주를 가르치기 위해 동물에게 먹이를 주는 것은 보상 훈련처럼 보일 수도 있지만, 자유의지로는 절대 하지 않을 행동을 억지로 하게 만들기 위한 방편에 불과할 뿐이다. 일부 해상공원에서는 공연을 하기 전까지 돌고래와 범고래에게 먹이를 주지 않기도 한다.[35]

야생에 살던 고래목 동물은 수조로 옮겨진 뒤 보통 끔찍한 정신적 외상을 입는다. 행동상의 문제를 일으켜 철저하게 격리 수용되는 고래들도 있다. 하지만 전직 조련사의 말을 빌면 다른 고래들과의 접촉 없이 외따로 수조에 갇혀 지내는 것은 '심리적 고문'이다. 포획된 채 지내는 고래와 돌고래들은 보통 심리적인 상처를 입는다. 이들은 더 이상 소리를 내지 않고 원을 그리며 끝없이 헤엄을 치면서 우울해하거나 인간에게 공격성을 띠며 심지어는 자살 시도도 한다.[36] 포획 상태의 고래와 돌고래들은 불행할 뿐만 아니라 건강마저 잃는다. 야생 범고래의 수명은 보통 50년이 넘지만 포획 상태에서는 10년을 넘기기가 힘들다. 돌고래 역시 25년 정도를 살 수 있지만 포획 상태에서는 6년을 넘기지 못한다. 대개 돌고래의 50퍼센트 이상이 포획된 지 2년 안에 죽는다.[37]

적지 않은 수의 과학자들이 현재 포획된 고래와 돌고래들은 건강을 회복시켜 다시 풀어줄 수 있고 그래야 한다고 주장한다. 일부 국가에서는 고래들을 포획해서 가둬 놓는 것이 근본적으로 잔인한 행위임을 깨닫고 해상 전시를 금지시키기도 했다. 동물권 운동가들과 동물 복지 운동가들 모두 이 똑똑하고 사회성이 뛰어난 동물을 가둬 두는 데 강력히 반대하고 있다.

동물원

동물원은 19세기 초 영국에서 최초로 등장했다. 초창기 동물원은 인간의 자연 지배, 영국에서는 특히 식민지 지배를 상징하는 시설에 가까웠다.[38] 오늘날 전 세계적으로 연간 1억 명 이상의 방문객들이 1만 개소의 동물원을 찾는다.[39] 이제 동물원은 단순한 오락적 기능보다는 교육과 보존의 기능을 강조하면서 초창기 동물원과는 상당히 다른 성격을 띤다.

동물 보호 운동 안에서도 동물원에 대한 입장은 극단적으로 나뉜다. 환경 보호 활동가 가운데는 일부 종을 보존하기 위해서는 동물원의 **포획 번식 프로그램**이 필수라고 주장하는 사람도 있지만 동물원의 주된 동기는 사실 이윤이라고 주장하는 이들도 있다.

●**포획 번식 프로그램**─현대 동물원의 주요 기능 가운데 하나로, 개체수 감소 등으로 자연 상태에서 번식이 어려운 동물들을 포획해 번식시켜 야생에 풀어 주는 활동을 가리킨다. 옮긴이

동물원에 반대하는 사람들은 멸종 위기종으로 분류된 6천 개 종 중에서 겨우 120개 종에 대해서만 포획 번식 프로그램이 이루어지고 있고, 이 중에서도 성공적으로 자연으로 돌려보낸 종은 16개 종, 그것도 대부분 조류 뿐이라고 지적한다.[40] 무엇보다 포

획 상태에서는 동물들이 번식을 잘하지 못한다. 게다가 동물원에서 지내 보면 야생에서 생존할 수 있는 역량을 제대로 갖추지 못하는 경우가 많다. 야생 생활에 필요한 기술을 습득하지 못하거나 흔한 질병에 대한 내성조차 기르지 못하는 것이다.

더욱이 자연 서식지가 갈수록 줄어들고 있기 때문에 많은 번식 프로그램들이 사실상 동물들을 방사하지 못하고 있다.[41] 하지만 지난 15년간 동물원을 정당화하는 주요 논리가 바로 이 포획 번식 프로그램이었기 때문에 대부분의 동물원들은 성공 여부와 관계없이 이 프로그램을 지속한다.[42] 일부 비판가들은 수십억 달러를 들여 동물원을 운영하느니 야생동물들을 보호하는 게 더 낫다고 주장한다. 예컨대 수천 마리의 동물을 보호하고 있는 콩고민주공화국의 가람바 국립공원 운영비는 일반 동물원에서 코뿔소 16마리를 관리하는 비용과 맞먹는다.[43] 포획 사육에 들어가는 돈을 서식지 보호에 쓸 경우 멸종 위기종의 생존 가능성은 장기적인 관점에서 훨씬 더 높아질 것이다.

•**가람바 국립공원**─콩고민주공화국에 자리한 광대한 국립공원으로 아프리카코끼리, 기린, 하마, 흰코뿔소 등, 개체수가 급감하고 있는 동물들의 주요 서식지다. 이들을 보호하기 위해 1938년 국립공원으로 지정됐고 1980년에는 유네스코 세계유산에 등록됐다. 옮긴이

한편으로 동물권 운동가들과 동물 복지 운동가들은 동물원의 열악한 환경을 진지하게 비판하기도 한다. 최고의 동물원이라 해도 마찬가지다. 방문객들에게는 보이지 않지만 대부분의 우리는 척박한 콘크리트와 타일로 만들어져 있다. 눈에 보이는 곳들은 한층 활기 있어 보이긴 하지만 사생활이 보장되지 않고 동물들이

야생에서 거주하던 공간과 비교하면 턱없이 열악하다. 바닥 상태가 양호하지 못해 발과 뼈가 기형적으로 변하는 경우도 자주 발생하며, 적절한 난방, 그늘, 배수 시설이 마련되어 있지 않는 경우도 대부분이다.

심리적 상처

서커스나 수족관에 있는 동물들과 마찬가지로 동물원에 갇힌 많은 동물들은 지루함, 사회적 상호작용의 결여, 공간 부족 때문에 심리적 피해를 입는다. 드넓은 자연과 복잡한 사회구조 속에서 지내던 동물들의 경우 특히 이런 문제에 시달릴 가능성이 높다. 예를 들어 동물원의 코끼리들은 보통 우리에 한 쌍씩 들어가 있다. 하지만 야생의 코끼리는 한 번에 250마리씩 몰려다니며 무리의 다른 코끼리들과 친밀한 관계를 맺는다.[44] 자연 상태에서는 열여덟 살에서 스무 살이 되기 전까지는 번식을 하지 않지만 포획 번식 프로그램에서는 열두 살 때부터 번식을 시킨다. 이 때문에 어린 어미들이 자기가 낳은 새끼를 거부하는 일이 적지 않게 발생한다. 새끼를 돌보기엔 너무 어린 데다가 자연 상태라면 기대할 수 있는 다른 코끼리의 지원도 받을 수 없기 때문이다.[45]

북극곰도 이와 유사한 형태의 고통에 시달린다. 자연 상태에서 북극곰의 활동 반경은 2만 제곱킬로미터에서 3만 제곱킬로미터에 이르지만 동물원에서는 우리에 갇혀 살아간다. 또한 북극곰은 털줄기가 엉성한 데다 피부색이 어두워 열을 잘 받아들이기 때문에 더위에 시달릴 수 있다. 남쪽 지방의 동물원에서는 털줄기에 조류藻類가 자라 털이 녹색으로 변한 북극곰도 심심찮게 볼 수 있다. 어떤 동물원에서는 판에 박힌 반복 행동을 보이거나 심지어는 자해를 하는 북극곰이 관찰되기도 한다. 1985년 영국에서 수행한 연구에 따르면 영국 동물원에 있는 북극곰의 약 60퍼센트가 정신 질환을 앓고 있었다.[46)

활동가들은 동물원의 여러 표준적인 관행들에 불편한 심기를 드러낸다. 이들은 대다수 동물원이 제대로 된 규제나 인증을 받지 않았다고 지적한다. 표준 이하의 '노변' 동물원들이 양호하게 잘 관리되는 시설을 훨씬 웃돌기 때문이다. 하지만 자금이 넉넉한 동물원에서마저 동물들이 대중들에게 오락을 제공하고 재주를 부려야 할 때가 있다. 공간이 넉넉지 않거나 인기가 떨어지면 '잉여' 동물들을 처분하는 일도 일상적으로 일어난다. 게다가 동물원은 번식 프로그램이 실패할 경우 계속해서 야생에서 동물을 포획해 온다.

하지만 동물권 활동가들은 이보다 훨씬 더 근본적인 이유에서 동물원을 비판한다. 이들은 멸종 위기종을 보호하기 위한 목적이든 대중들을 교육시키기 위한 목적이든, 야생동물을 감금시키는 것은 기본적으로 잔인한 행위라고 주장한다. 동물원 생활은 타고난 대로 행동하고 사회적으로 교류하며 일상적인 선택을 할 수 있는 생명체의 기본적인 권리를 파괴한다는 것이다. 동물원에 동물을 가두는 행위는 개별 동물이 아니라 인간을 위한 일이므로 본질적으로 그릇되었다고 본다.[47)] 동물권 활동가들은 멸종 위기

동물을 보호하는 윤리적 방법은 야생동식물 보호와 서식지 보존 뿐이라고 말한다.

애완동물

애완동물은 이제 거대한 산업이다.[48] 오락용 동물과 관련된 산업 중에서는 스포츠 사냥 다음으로 애완동물의 규모가 가장 크다. 부유한 서구에서는 사람들이 애완동물을 구입하고 돌보는 데 많은 돈을 들인다. 이 때문에 애완동물 가게, 사육사, 애완동물 사료 제조업체들은 엄청난 돈을 벌고 있다. 이색적인 애완동물을 거래하는 국제무역은 4분의 1정도가 불법이지만 애완동물 산업에서 가장 수익성 높은 부문 가운데 하나다. 미국에서만 1년 동안 이색 애완동물을 사들이는 데 1백5십 억 달러를 쓴다.[49]

애완동물을 기르는 것 역시 동물 착취라는 생각은 동물권 개념에서 볼 때 당연한 논리적 귀결이다. 한 활동가의 지적처럼 "인간은 닭, 돼지, 거세한 수소를 육체적으로 섭취하듯, 개, 고양이, 애완동물을 감정적으로 섭취한다."[50] 인간은 자신의 즐거움을 위해 애완동물을 이용한다. 애완동물은 인간의 적적함을 달래 주고 위로가 되어 주는가 하면 사람을 안심시켜 주기도 한다. 아무리 자애로운 주인이라 하더라도 자신의 애완동물에게 어느 정도 기대하는 수준은 있어서 동물적 본성을 최소화시키고자 한다.[51] 일부 주인들은 정기적으로 애완동물의 발톱을 잘라 주고, 짖지 않도록 수술을 시키며, 꼬리를 짧게 자르고 날개를 고정시킨다.

또한 샴푸와 향수로 애완동물의 냄새를 제거하고, 긁기, 씹기, 영역 표시 같은 소위 '파괴적인' 습관을 절제시킨다. 애완동물이 주인의 기대에 미치지 못하면 꾸짖거나 벌하며 심지어는 내다 버리는 경우도 있다. 일부 활동가들은 충분히 사랑받고 좋은 대우를 받는 애완동물마저 본질적으로는 인간의 노예일 뿐이라고 주장한다.

가장 큰 문제점은 애완동물의 안녕이 "전적으로 인간의 선의에 달려 있다"는 점이다.[52] 매년 수백만 마리의 애완동물이 학대당하고 멸시받는다. 1998년 캐나다 한 지역에서 보고된 동물 학대 사례만 1만 5천 건이 넘었다. 하지만 보고되는 건수는 실제로 발생하는 사건의 1퍼센트 밖에 되지 않는다는 연구도 있다.[53] 더 심각한 건 엄청난 수의 애완동물들이 버려지고 있다는 사실이다.

전 세계에서 애완동물이 가장 많은 미국에서는 매년 2천만 마리에서 3천만 마리의 개와 고양이가 주인에게 버림받은 뒤 폐기 처분된다. 많은 이들은 애완동물이 마음에 들지 않을 경우 차라리 보호소에 데려가는 게 인도적이라고 생각한다.

하지만 보호소에서 대다수 동물은 끔찍하게 불행할 뿐이다. 보호소 동물들은 겁에 질린 채 외롭고 지루한 생활을 한다. 특히 개 같은 일부 동물들은 철창신세에 적응하지 못하다가 결국 입양마저 힘들 정도로 위험한 상태에 빠지기도 한다. 보호소의 환경상 질병이 끊이지 않지만 이미 격무에 시달리는 직원들은 자금 부족으로 제대로 대처하지 못한다. 또 매일매일 너무 많은 동물들이 새로 들어오다 보니 보호소에서는 바로 입양되지 않은 동물들을 어쩔 수 없이 안락사시키게 된다. 인기 없는 고양이와 개를 연구실에 판매하는 보호소도 있다. 이 같은 행위를 규제하는 법이 존재하지 않는 캐나다에서는 매년 길을 잃거나 버림받은 애완동물 5천여 마리가 실험용으로 사용되고 있다.[54]

번식용 애완동물

애완동물의 수가 이미 과포화 상태임에도 사육사들은 애완동물 가게와 민간 판매업자들을 위해 꾸준히 애완동물을 생산해 낸다. 소규모 번식 시설의 사육사 가운데 일부는 동물들의 복지 수준을 높이기 위해 열심히 노력하는 경우도 있지만 대다수 번식 시설들은 공장형 사육 시설과 크게 다르지 않다. 동물들은 좁고 지저분한 우리에 갇힌 채 이동의 자유를 누리지도, 적절한 보살핌을 받지도 못한다. 적절한 운동과 사회적 활동 역시 누리지 못하기는 마찬가지다. 암컷들은 모두 '소진되어' 처분될 때까지 새끼를 낳는다. 대부분의 순종 애완동물들은 유전적인 결함을 가지고 태어난다. 많은 경우 심장병, 조직 이상, 공격성, 뼈와 관절 이상, 심지어는 암에 시달리기도 한다. 이 같은 질환은 선별 번식 관행의 부작용이다. 순종 중에는 품종의 기준에 맞추기 위해 신체의 일부를 훼손당하는 경우도 있다. 많은 개들이 마취제도 없이 귀와 꼬리를 절단당한다. 대형 번식 시설에서 태어난 새끼 고양이와 강아지는 애완동물 가게에 도착할 때까지 대체로 무사히 살아남지만, 새, 파충류, 그 밖에 작은 동물들은 젖을 떼기도 전에 수송되기 때문에 쉽게 죽는다. 애완동물 가게에 동물을 공급하는 업자들 중에는 동물실험을 하는 실험실에 동물을 납품하는 경우도 있다.[55]

애완동물 가게까지 무사히 도착했다고 해서 동물의 안녕이 보장되는 것은 아니다. 특히 직원 교육이 제대로 이루어지지 않은 대형 애완동물 체인점에서는 기본적인 잔혹 행위 방지법을 위반하는 일이 왕왕 일어난다. 체인점의 동물들은 적절한 음식과, 물, 거주 환경 같은 기본적인 필요도 충족하지 못하는 경우가 많다. 도마뱀과 아기 새들은 잘못된 먹이나 부적당한 온도 때문에 쉽게 죽는다. 다 큰 새들은 아무런 자극도 없이 좁은 새장에 갇혀 있다 보니 정신 질환이 생긴다. 또한 쥐의 경우, 과밀한 우리에서 다른 사체들과 뒤엉켜 사는 것도 드물지 않게 확인된다.[56]

이색 애완동물 거래는 특히 가혹하다. 일부 이색 동물은 위에서 묘사한 상황과 크게 다르지 않은 환경에서 사육되지만, 대다수는 야생에서 주로 불법적으로 포획된다. 어떤 지역에서는 불법 애완동물 거래 때문에 지역 토착종이 멸종하는 일이 벌어지기도 했다.[57] 사냥꾼들은 이색 애완동물을 기절시키거나 함정에 빠뜨려 포획한 다음 원래 살던 자연과 사회적 환경에서 떨어뜨려 놓는다. 때로는 새끼를 잡아 팔기 위해 어미를 죽이기도 한다. 동물 한 마리를 생포하는 과정에서 다른 열 마리가 죽어 나간다고 추정하는 연구도 있다.[58] 이렇게 생포된 새, 물고기, 파충류는 대부분 기나긴 이동에 취약해 유럽과 북미로 가는 동안 많이 죽는다. 세네갈에서 생포된 되새류와 단풍새의 40퍼센트에서 50퍼센트

가량이 수출되기도 전에 죽는다고 한다.[59] ▪

대부분 야생동물의 생포는 법적으로 금지되어 있지만 포획 상태에서 번식한 동물을 소유하는 것은 아무런 문제가 되지 않는다. 예컨대 호랑이처럼 야생 상태에서 멸종 위기에 처한 동물이라 해도 동물원이나 번식업자에게서 구매하는 것은 합법이다. 오늘날 북미에는 약 1만 마리의 호랑이가 애완용으로 주로 뒤뜰에서 사육되고 있다. 단돈 50달러면 호랑이를 살 수 있다.[60]

전문가들은 이색 애완동물들은 어느 수준 이상으로는 길들일 수 없기 때문에 포획 상태에 완전히 적응하지는 못한다고 말한다. 야생동물들을 같은 종들과 접촉하지 못한 상태로 좁은 공간

▪ 깊이 읽기

열대 어류 거래

매년 수족관과 개인 수집가들을 위해 생포되는 열대 어류는 수백만 마리에 달한다. 일반적으로 포획에 사용하는 방법은 열대 어류들이 살고 있는 산호초 주변에 시안화물을 살포하는 것이다. 정신이 혼미해진 물고기들은 독극물을 피해 산호초 밖으로 나오고 이 과정에서 물고기 90퍼센트가 죽거나 다친다.

기나긴 수송 과정에서 살아남은 물고기라도 목적지에 도착하면 위장병으로 죽는 경우가 많다. 시안화물을 사용할 경우 산호초 또한 영구적으로 손상된다. 동남아시아와 태평양의 어부들은 이 때문에 어획고가 심각하게 줄어들었다고 말한다.

▶출처—Anouk Ride, "Dead in the Water", *New Internationalist* No 325, July 2000.

에 가두는 것은 잔인한 행위인 것이다. 애완동물로 가장 많이 키우는 이색 조류인 호주앵무새와 마코앵무새는 짝을 잃거나 외롭다고 느끼면 자해를 하거나 자신의 깃털을 뽑는다.[61] 이색종들은 자신의 행태와 필요에 전혀 걸맞지 않은 기후와 환경에 맞춰 살아야만 한다. 이런 변화를 견디지 못해 파충류 90퍼센트는 포획되고 나서 1년 안에 죽는다.[62]

이색 애완동물을 건강하고 생기 있게 키우기란 거의 불가능하다. 이들은 너무 까다로워서 돌보기가 어렵거나 아니면 몸이 너무 커졌다는 이유로 종종 버려지곤 한다. 주인의 마음에 들지 못한 파충류와 뱀은 사람들이 사는 곳에 그대로 '방출'된다. 체온 저하와 굶주림으로 죽는 경우도 있지만, 운이 좋을 때는 새로운 보호소나 안식처를 만나기도 한다. 이색 애완동물을 구조하는 일을 하는 사람들은 이색 애완동물을 소유하는 건 올바르지 못하며 판매를 금지시켜야 한다고 말한다.[63]

애완동물 사료

애완동물 사료 산업 역시 동물에게 직접적인 해를 미친다. 대부분의 사료 회사들은 다른 산업체에서 제품의 안전성과 효율성을 평가할 때와 똑같은 동물실험 과정을 거친다. 최근 애완동물 사료 회사인 〈이암스Iams〉가 연구 시설에서 실험용 동물들을 학대하고 있다는 사실이 밝혀졌다. 〈이암스〉는 동물을 상대로 치명적인 실험은 하지 않았다고 말했지만, 개의 허벅지 살을 잘라서 근육 덩어리를 테스트하는 식으로 동물에게 엄청난 고통을 주는 실험을 하고 있는 건 사실이다. 〈이암스〉의 실험용 동물들이 심각하게 방치되고 있다는 주장도 제기된다. 실험용 동물들은 창문도 없는 건물의 작고 허름한 우리에 갇혀 지내는데, 어떤 우리는 배설물로 지저분한 데다 설계부터가 잘못되어 동물들에게 위험하다는 것이다. PETA는 〈이암스〉의 실험용 동물 대다수가 건강 상태가 나쁘고 운동과 자극 부족에서 오는 정신 질환에 시달리고 있다는 조사 결과를 발표했다.[64]

애완동물의 사료는 보통 도살장에서 나온 폐기물로 만들어진다. 즉, 이미 죽었거나 죽어가는, 혹은 병들었거나 장애가 있어서 인간이 먹기에 부적합한 동물, 이른바 '주저앉는' 동물들이나 혈액, 뼈, 뇌, 내장, 피부 같은 '부산물'로 만들어진다. 우리가 기르는 애완동물은 사실 잠재적인 질병과 감염의 위협 때문에 인간의 건강을 위협할 수 있는 동물들로 만들어진 사료를 먹고 있는 것이다. 이 때문에 애완동물용 사료는 살균을 위해 엄청난 고온에서 가열된다. 애완동물용 사료 분야는 수십억 달러를 벌어들이는 산업이다. 만일 '주저앉는' 동물들을 애완동물용 사료로 판매할 수 없다면 육류 생산업체들은 가축을 더 열심히 돌보고 수송 시 안전에 힘쓰게 될 것이다. 하지만 지금 상태로는 애완동물에게 먹일 사료를 사는 것이 결국 공장형 사육 시스템의 과도한 낭비를 조장하는 꼴이 되고 만다. 이 때문에 일부 동물권 집단에서는 애완동물에게 채식 사료를 먹일 것을 주장하기도 한다.(대안에 대해서는 9장 참고)

정제된 고양이와 개[*]를 가지고 고양이와 개의 사료를 만드는 것도 완전히 합법이다. 캐나다의 한 회사에서는 매주 약 18톤에 달하는 애완동물의 사체를 가지고 사료를 만들었고 2001년 이 관행을 자체적으로 중단했다.[65] 애완동물의 사료로 사용되는 죽은 애완동물 대부분은 수용할 공간이 없어서 동물들을 처분한 보호소에서 얻어 온다. [동물성 사료 때문에 발병한다고 알려진] '광우병'의 교훈도 애완동물 사료 관련 법규에는 별 영향을 미치지 못하는 것 같다.

기를 것이냐 말 것이냐

모든 동물권 활동가들이 애완동물을 소유하는 데 반대하는 건

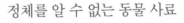

▪ 깊이 읽기

정체를 알 수 없는 동물 사료

애완동물 사료 산업에서 렌더링rendering, 또는 '정제'란 고기 또는 가금류를 고온에 익힌 뒤, 수분을 제거해 가루로 만드는 과정을 가리킨다. 문제는 이 분말의 원료가 무엇인지 파악하기 어렵다는 것이다. 무엇보다 렌더링 과정을 거치더라도 원료가 된 동물들이 맞은 호르몬, 항생제, 심지어 안락사를 위해 주입한 약물의 성분까지 완전히 제거되지는 못해 사료를 먹는 동물들의 건강을 위협할 수 있다. 옮긴이

▶참고─〈도그푸드어드바이저〉 http://www.dogfoodadvisor.com/choosing-dog-food/about-meat-meal/; 〈KBS1 소비자 고발〉 "반려 동물 먹을거리" (2011년 12월 16일 방송)

아니다. 개나 고양이처럼 일부 길들여진 동물들은 반려 동물로 무탈하게 자라는 데다, 주인을 떠나고 싶은 기색도 전혀 보이지 않기 때문이다.[66] 애완동물이라는 개념에 반대하는 이들마저도 이미 존재하는 애완동물을 잘 돌보는 것은 인간의 책임이라고 생각한다. 하지만 거의 모든 동물권 조직들이 애완동물 산업의 행태에 대해서는 심각하게 문제 제기한다.

• 반려 동물companion animals —애완동물이 동물을 사육하는 데서 인간이 느끼는 즐거움을 강조한다면, 반려 동물은 동물이 단지 장난감이 아니라 더불어 사는 친구(반려)임을 강조한다. 1983년 10월 오스트리아 빈에서 열린 인간과 애완동물의 관계를 주제로 하는 국제 심포지엄에서 처음으로 제안된 개념이다. 옮긴이

세계 최대의 동물권 조직인 PETA는 이색 애완동물, 물고기, 새장에 든 새, 설치류를 사지 말자고 말한다. 타고난 자연환경과 다른 동물들과의 사회적 관계에서 동물들을 떼어 놓는 건 매우 잔인한 행위라는 것이다. 또한 동물 애호가들에게 절대 애완동물 가게나 번식업자들을 통해 거래하지 말 것을 촉구한다. 대신 보호소에 있는 애완동물을 구매해 이미 존재하는 애완동물들에게 안정적인 거처를 마련해 주는 한편 애완동물이 더 이상 늘지 않도록 해야 한다는 것이다.

동물권 운동 조직들은 난소 적출과 중성화에 대해서는 흥미로우면서도 모순이라고까지 볼 수 있는 입장을 채택하고 있다. 이같은 시술은 동물 각자의 권리를 위배한다고 볼 수 있지만 거의 모든 동물권 집단에서 이를 적극적으로 장려한다. 후세의 고통을 예방하기 위해서는 중성화 수술을 해야 한다고 보기 때문이다. 이미 개와 고양이는 넘쳐 나기 때문에 동물 운동가들은 종 차원

에서 밝은 미래를 보장해 주려면 개별 동물의 권리는 어느 정도 타협할 수 있다는 입장을 취하는 것이다. 야생의 멸종 위기종에 대해서는 많은 이들이 절대 같은 입장을 취하지 않을 것이다.

변화의 바람

일부 국가에서 동물 스포츠와 오락의 윤리성에 문제를 제기하기 시작했다. 예를 들어 영국 정부가 최근 개를 동반한 사냥을 금지시키면서 대중적인 인기를 누리던 여우 사냥과 토끼몰이가 불법화되었다. 이 스포츠들은 수백 년간 영국에서 꾸준한 인기를 누렸고, 지주 엘리트 내에서는 지금도 인기가 여전하다. 많은 사냥 집단들이 법을 어기면서까지 스포츠를 즐기고 있지만 그래도 규정을 지키는 사람들이 더 많다.

각국 정부는 포획된 해양 포유류가 겪는 고초에 대해서도 조치를 취하고 있다. 브라질은 모든 해양 전시회를 불법화했고, 이스라엘은 돌고래 수입을 중단했으며, 캐나다는 흰돌고래 포획을 금지시켰다. 사우스캐롤라이나 주는 미국 최초로 해양 공연을 금지시켰고, 다른 주들 역시 이를 고려 중이다. 영국은 정부의 규제가 전혀 필요 없다. 대중들의 보이콧으로 모든 해상공원들이 문을 닫았기 때문이다. 인도를 비롯한 많은 나라에서는 야생동물 공연도 금지하고 있다. 영국 지자체 2백여 곳, 캐나다 지자체 22곳, 미국 지자체 27곳 역시 동물 서커스 공연을 금지한다.

다행스럽게도 동물원 스스로가 몇몇 동물에게는 감금이 잔인한 행위일 수 있다는 것을 인식하기 시작했다. 캐나다와 미국(밴쿠버, 샌프란시스코, 디트로이트)의 몇몇 시설에서는 코끼리들이 보통 지능이 높기 때문에 감금 상태를 잘 견디지 못하는 데다 채 자라지도 못하고 죽는다는 사실을 인정하고 이미 위기에 몰린 코끼리 쇼를 중단했다.[67] 그간 많은 활동가들이 야생동물에게 감금이 얼마나 끔찍한 트라우마가 될 수 있는지를 동물원이 인정해 주기를 바랐다. 따라서 동물원의 변화는 대단히 고무적인 현상이라고 할 수 있다.

유럽연합은 잔혹 행위 관련 규정을 개정하여 애완동물들을 법적으로 보호하기 위해 진지하게 노력해 왔다. "애완동물 보호에 관한 유럽 협약European Convention for the Protection of Pets"에서는 반려 동물에게 불필요한 고통을 가하는 행위, 애완동물의 유기, 감금에 부적절한 동물을 소유하는 행위를 금지하고 있다. 유럽 법률의 이 같은 경향은 애완동물을 단순한 재산으로 보던 관점에서 벗어나 그들의 내적 가치를 인정한다는 의의를 갖는다. 예컨대 호주는 개를 야외에서 사슬로 묶어 두는 행위를 금지시켰고, 스위스는 신선한 공기와 운동에 대한 규정을 두고 있다. 뉴질랜드(아오테아로아)는 경주마에게 핀을 주사하거나 애완동물의 귀를 절단하는 행위도 금지시켰다. 호주에서는 고양이의 발톱을 깎지 못하도록 하고 있다.

반면 미국에는 반려 동물을 보호하는 연방 차원의 법규가 없다. 대신 각 주별 법규를 보면 동물에 대한 잔혹 행위에 갈수록 엄격한 벌칙을 부여하는 추세가 나타나고 있으며 41개 주에서는 일

텔레비전과 영화

디지털 기술의 발전으로 컴퓨터 이미지만 가지고도 동물의 모습을 사실적으로 재현할 수 있는 오늘날에도 영화와 텔레비전에서는 여전히 살아 있는 동물을 폭넓게 사용한다. 디지털 이미지는 가짜인 게 티가 난다고 생각하는 감독들이 많은 데다가 고화질 컴퓨터 애니메이션을 만드는 것보다 살아 있는 동물을 이용하는 것이 아직 조금 더 싸기 때문이다. 동물 '연기자'에 대한 수요를 충족시키기 위해 영화와 텔레비전 방송 제작사에 동물들을 대여하는 기획사들만 수백 개에 이른다. 제작사들은 곤충과 파충류, 조련된 고양이, 개, 말, 야생동물, 영장류 등 원하는 동물을 고를 수 있다. 촬영 중인 동물들이 물리적 상해를 입는 것을 방지하는 법규는 여러 나라에 있지만 동물의 거처와 이동 수단의 조건을 규정하는 법규는 아직 없다. 곤충, 뱀, 설치류는 대부분 작은 상자에 갇혀 지낸다. 동물권 집단 내에서는 특히 침팬지를 촬영에 이용하는 데 반발이 심하다. 안전하게 다룰 수 있는 침팬지는 성장기에 있는 어린 개체들뿐이기 때문이다. 어른 침팬지는 너무 힘이 세고 버거워서 배우로서는 은퇴할 수밖에 없다. 결국 동물원에 버려지거나 실험용으로 기증되기까지 한다.[1]

많은 이들이 영화와 텔레비전을 통해 동물에 대해 배운다. 따라서 동물의 재현 방식은 인간이 동물의 왕국을 이해하는 데 엄청난 영향을 미친다. 일부 영화와 텔레비전 쇼에서는 아직도 동물이 인간처럼 말하고, 두 다리로 걸으며, 옷을 입고, 인간과 유사한 사고와 동기를 가진 존재로 그려진다. 이는 동물의 행동 양식에 대한 비현실적인 전형을 탄생시킴으로써 동물의 타고난 행위에 대한 폭넓은 오해를 일으킬 수 있다.[2]

▶출처—1. www.nonoremonkeybusiness.com
2. Annabelle Sabloff, *Reordering the Natural World*, Toronto, 2001.

정한 형태의 동물 잔혹 행위에 대해 (경범죄가 아닌) 중범죄를 적용
시킬 것을 고려 중이다. 안타깝게도 캐나다와 미국의 동물 잔혹
행위 관련 법규는 동물의 권리보다는 애완동물 소유주의 권리를
강조하고 있으며, 애완동물은 재산으로서의 가치만을 인정받고
있다. 콜로라도 주는 미국 최초로 이 법률을 개정해 애완동물의
도덕적 가치를 인정하고 있다.[68]

이렇게 의미 있는 승리를 손에 넣는 동안 진보적인 법안들이
통과돼 전 세계적으로 오락용으로 이용되는 일부 동물들에게 영
향을 미치기도 했다. 하지만 아직도 수백만 마리의 야생동물과
가축들이 인간의 즐거움을 위해 살상과 학대에 시달리며 멸시 받
고 있다. 다행스럽게도 이런 동물들의 고통은 대중들에게 시각적
인 충격을 주기 때문에 전 세계 거의 모든 나라에서 이들의 고통
을 덜어 주기 위한 노력이 이루어지고 있다.

5 고통스러운 진보

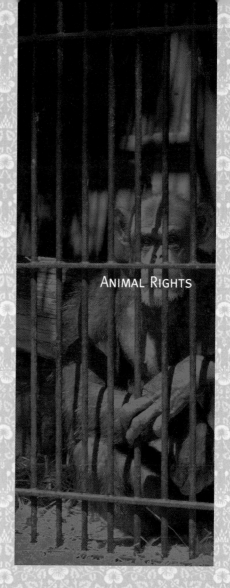

ANIMAL RIGHTS

실험실의 동물들은 어떤 환경에서 살아가나?
동물실험을 거친 제품들은 믿어도 될까?
동물실험은 진정 인류의 진보와 건강을 위한 불가
피한 선택일까?

05

고통스러운 진보

오랜 세월동안 인간이 '진보'를 추구하는 과정에서 동물과 자연계가 가장 큰 타격을 입었다. 근대 과학은 다른 인도적인 대안이 있음에도 동물실험과 생체 해부를 굳이 폭넓게 시행하고 있다.

"해부는 인간성을 희생해 지식을 확장한다는 점에서 사회악이다."

— 조지 버나드 쇼(1856~1950, 극작가)

사람들은 '진보'가 당연히 유익하다고 치부하는 경향이 있다. 서구 문화는 과학적 혁신과 경제적 확장이 항상 인간의 삶을 개선시키는 긍정적인 일이라고 가정한다. 하지만 『진보의 함정*A Short History of Progress*』를 쓴 로널드 라이트Ronald Wright의 지적대로 진보는 함정일 수 있다. 진보라는 허울은 인간, 특히 원주민 문화와 개도국 국민, 노동자, 빈민들에게 막대한 고통을 안겨 주었을 뿐 아니라 지구와 그 위에 살고 있는 동물에게 훨씬 더 치명적인 해를 끼쳤다. 결과적으로 자연계는 인간이 '진보'를 추구하는 과정에서 가장 큰 타격을 입었다.

인간은 '이성을 상실한 연쇄살인범'이다. 지구의 자원을 부주의하게 이용하는 과정에서 막대한 양의 동식물을 죽음으로 몰아넣고 있기 때문이다.[1] 동물들은 주로 산업이나 농업 발전, 도시나 자원 개발 과정에서 예기치 못한 고난을 맞는다. 인구가 증가하고 부유한 국가의 소비가 늘수록 인류가 생존을 위해 활용하는 지표면의 면적도 넓어진다. 마을과 도시, 교외와 생활 하부 시설을 건설하고, 재생 불가능한 천연자원을 갈수록 많이 뽑아내고 있다. 인간의 손길이 닿지 않은 야생의 땅을 농경지로 전환하고, 소비재를 무한정 생산해 낸다.

이 모든 발전과 개발의 결과 살충제, 온실가스, 산업 폐기물, 그리고 지구 전체를 뒤덮고도 남을 쓰레기 등으로 오염이 발생했고 야생동식물의 서식지도 파괴됐다. 실제로 인류 '진보'의 행군은 어마어마한 규모로 이뤄지고 있으며, 그 과정에서 지구상의 거의 모든 살아 있는 시스템은 급격하게 기력을 소진하고 있다.[2] 인간은 수십억 마리, 수십조 마리에 달하는 동물들을 무심결에 살상하고 종 전체를 궤멸시키기도 했다. 『뉴 인터내셔널리스트 *New Internationalist*』의 편집자인 리처드 스위프트Richard Swift의 말처럼 "우리는 매일 백 가지 종을, 그러니까 한 시간에 네 가지 종을 진화 불가 상태로 밀어내고 있다."[3]

보이지 않는 잔혹함

〈캐나다동물연맹Animal Alliance of Canada〉에 따르면 인류의 '진

보'는 '보이지 않는 잔혹함'의 역사다.[4] 21세기 말에 이르면 오늘날 지구상에서 살고 있는 동물의 3분의 2가 멸종할 것으로 추정된다.[5] 하지만 동물 운동가들조차도 문명의 성장과 동물의 고난 사이의 상관관계를 제대로 파악하지 못하는 경우가 많다. 화석연료, 농업 생산물, 소비재의 소비가 동물의 삶에 어떤 영향을 미치는지 고려하는 사람은 그렇게 많지 않다. 최근 들어 PETA 설립자인 잉그리드 뉴커크가 이러한 상관관계의 일면을 다루는 『친절한 선택』이라는 책을 쓰기도 했지만, 대부분의 동물권 조직들은 '진보'라는 이름으로 공공연하게 자행되는 잔혹함에만 관심을 가질뿐, 동등한 파괴력을 가진 '보이지 않는 잔혹함'에 대해서는 경시하는 경향이 있다.

소비재의 발달과 제조, 과학 및 기술적 진전으로 매년 1억 마리가 넘는 동물들이 목숨을 잃는다.[6] 동물실험과 해부는 아마도 가장 논란이 많은 주제일 것이다. 과학자 집단에서는 여러 가지 제품과 의약품을 생산하여 인간의 삶과 건강을 크게 개선시킬 수 있었다는 점에서 동물실험이 인간에게 크게 이롭다고 주장한다. 반면 동물 운동가들은 동물실험이 매년 수백만 마리의 동물에게 육체적, 정신적 고통을 안겨 준다는 점에서 비윤리적이라고 주장한다. 많은 사람들이 화장품 개발을 위한 테스트처럼 필수재가 아닌 상품을 위해 동물에게 고통을 주는 행위를 옳지 못하다고 생각하고 있는데도, '사소한' 제품에 대한 동물실험은 꾸준히 이루어지고 있다. 동물 운동가들은 화장품, 세척제, 산업용 화학물질, 식품 첨가제, 공산품을 생산할 때 습관적으로 동물실험을 실시한다고

지적한다. 이런 동물실험의 3분의 2 정도가 인간의 건강이나 의약품과는 거의 대부분 관련이 없다.[7]

의학 연구용 동물실험이 과연 타당한가의 문제도 생각처럼 그렇게 분명하지 않다. 사람들은 의학 기술의 발달이 인간의 건강에 매우 중요한 역할을 한다고 생각하기 때문에 이 분야의 동물실험에 대해서는 대체로 지지하는 편이다. 하지만 동물권 운동가들은 이를 근거 없는 믿음이라 보고 인류의 복지 향상은 새로운 의학 기술 덕분이 아니라 영양과 위생 수준이 나아지면서 성취할 수 있었던 것이라고 주장한다.[8] 또한 꼭 필요한 제품이나 기술 개발을 위해서는 동물실험을 자행할 수 있다고 보는 사람도 있지만, 인간의 삶을 의미 있게 향상시키거나 심지어는 목숨을 구할 수 있는 경우라 할지라도 동물에게 고통을 가하는 행위는 본질적으로 비도덕적이라고 보는 사람도 있다.

치사량 실험

동물을 대상으로 한 제품 실험이 널리 확산되기 시작한 것은 1950년대 제약업과 석유화학 산업이 성장하면서부터다. 기업들은 새로 만들어 낸 화학물질들을 판매할 때, 소비자들에게 제품의 안전성을 확인시키는 가장 값싸고 훌륭한 방법으로 동물실험을 널리 사용했다. 오늘날 많은 나라에서는 새로운 화학제품이 개발될 경우 시장에 출시하기 전에 발암 성분이나 다른 유해 물질이 없는지 확인하기 위해 동물실험을 의무화하고 있다. 하지만 동물실험은 완벽한 예방책이 될 수 없다. 최근에 영국에서는 류머티스성 관절염약 TGN1412을 복용한 남성 여섯 명이 복용 몇 시간 뒤 장기가 손상되는 사건이 발생했는데, 이 약은 이미 토끼와 원숭이를 상대로 실험을 마친 상태였다.

드레이즈 테스트Draize Test는 가장 유명한 자극성 실험이다. 1944년에 개발된 드레이즈 테스트는 토끼의 눈에 테스트 물질을 떨어뜨린 뒤 3일에서 21일 동안 발생하는 손상을 기록한다. 과학자들이 토끼를 사용하는 이유는 토끼의 눈에는 눈물샘이 없어서 자극 물질을 씻어 낼 수 없는 데다, 충혈될 경우 쉽게 눈으로 확인할 수 있을 정도로 토끼의 눈이 크기 때문이다. 드레이즈 테스트를 할 때는 실험동물이 발톱으로 눈을 긁지 못하게 해야 한다.[9] 실험 물질에 따라 눈이 약간 간지럽기만 할 수도 있지만, 궤양이 생기거나 불에 데인 듯한 느낌을 받을 수도 있다.[10]

반半치사량 실험(Lethal Dose Fifty Per Cent, LD50)은 독성을 판별하기 위한 실험이다. "이 실험은 특정 기간 내에 실험동물의 50퍼센트가 죽기까지 들어가는 실험 물질의 양을 확인하는 데 사용된다."[11] 동물들은 반복적으로 실험 물질을 강제로 먹거나 주입당하거나 호흡을 통해 들이 쉬게 되는데, 때로 이 과정이 4년간 지속되기도 한다.[12] 상대적으로 해를 덜 미치는 물질이라 하더라도 많은 양을 강제로 먹일 경우에는 아주 치명적일 수 있다. 많은 동물들이 이 때문에 장기 폐색과 파열에 시달리기 때문이다. 연구자들은 구토를 할 수 없다는 이유에서 이 같은 독성 실험에 쥐를 사용하기도 한다.[13] 독성이 있는 물질에 꾸준히 노출될 경우 여러

동물에게 어떤 실험을 하고 있을까

- 쥐들이 수면 부족 상태에서 어떻게 행동하는지 확인하기 위해 33일간 잠을 재우지 않는 실험. 결국 쥐들은 심각한 병리 증세를 보이다 죽어 갔다.(시카고 대학교)
- 쥐가 태어나자마자 쥐 앞다리를 절단하고, 그 뒤에도 쥐가 계속 몸단장을 하는지 확인하는 실험.(오리건 대학교)
- 수컷 쥐를 굶긴 뒤 성적 행동에 변화가 나타나는지 확인하는 실험.(옥스퍼드 대학교)
- 태어난 지 10일 된 고양이의 눈을 꿰매 뜨지 못하게 한 후 시력 상실이 미치는 영향을 확인하는 실험.(옥스퍼드 대학교)
- 쥐의 뇌에 헤르페스 바이러스(포진 바이러스)를 주입하는 실험(케임브리지 대학교)
- 원숭이에게 신경가스, 시안화물(청산가리), 방사능, 총, 미사일을 사용하는 실험.(〈표준정부국방연구Standard Government Defense Research〉)
- 돼지와 원숭이를 '자동차 충격 테스트용'으로 사용한 실험.(〈제너럴모터스〉)
- 모성 결핍과 공포 효과를 측정하기 위해 갓 태어난 새끼 원숭이를 어미 원숭이와 떼어 놓고 난 뒤, 새끼 원숭이에게 강한 충격을 주는 기계 장치를 단 실험.(위스콘신 주의 〈영장류연구소〉)
- 어미 배속에 있는 돼지의 태아를 죽인 뒤 어미 돼지의 몸에서 나타나는 화학적 변화를 확인하는 실험.(미 농무부)
- 비글에게 플루토늄을 주입하는 실험.(하버드 대학교)
- 원숭이의 손가락을 절단하여 뇌가 신체의 일부를 어떻게 지각하는지 확인하는 실험.(샌프란시스코, 캘리포니아 대학교)

▶출처─Robert Sharpe, *The Cruel Deception*(Thorsons, 1988)

가지 내부 손상이 일어나게 되며, 많은 동물들이 만성 설사, 경련, 출혈 과다 등으로 고생하다 죽어 간다.[14]

강제로 주입된 질병

의학 분야에서는 신약 개발, 질병 연구, 심리 및 행태 연구를 위해 동물들을 이용한다. 동물의 반응을 관찰하여 새로운 치료법을 개발한 뒤 환자에게 문제를 일으키지는 않을지 확인하기 위해 다시 여러 동물들을 대상으로 실험을 하는 것이다. 연구자들은 질병 연구를 위해 에이즈 바이러스 같은 감염 물질을 동물에게 주입하여 동물의 어떤 신체 부위에 어떤 문제가 발생하는지 관찰한다. 암, 당뇨병, 관절염, 심혈관계 질환처럼 바이러스 등을 주입하는 것으로 발생하지 않는 질병을 다룰 때는 동물들을 발암물질에 노출시키거나 신체의 일부를 조작하여 증세를 유도한다.

어쨌든 두 경우 모두 감염이나 질병을 완화할 목적에서 동물을 관찰하고 해부하며 실험 대상으로 삼는다. 심리 및 행태 연구에서는 인간과 유사한 영장류를 많이 이용한다. 흔한 실험으로는 어미와 떼어 놓기, 굶기기, 물을 주지 않기, 전기 충격, 강제적인 운동 억제, 약물중독과 뇌 손상을 일으키는 것 등이 있다.[15] 이 같은 의학 실험은 세부 사항까지 아주 잘 기록되어 있는 편이다. 리처드 라이더의 『과학의 희생자Victims of Science』나 피터 싱어의 『동물 해방』 같은 고전들을 참고하면 그 내용을 알 수 있다. 당연한 말이지만 의학 연구에 이용되는 동물 대다수는 마취제도 없이 상상할 수 없는 끔찍한 고통에 시달린다. 〈영국생체해부철폐협회 British Union for the Abolition of Vivisection〉의 2004년 발표 자료에 따르면 실험에 사용되는 동물의 61퍼센트가 마취제 혜택을 받지 못했다.[16]

동물실험에 사용되는 동물 대부분은 공장형 사육 시설과 유사한 환경에서 사육되다 실험실에 공급된다. 이들은 '죽기 위해 태어나는' 것이다.[17] 실험용 동물 대부분은 실험실을 벗어난 곳에서 죽는 경우가 거의 없다. 다시 말해서 이들은 일평생 제대로 된 운동이나 자극을 받아 보지 못하고, 사회적인 상호작용을 맛볼 기회도 없이 황량한 철창에 갇혀 지낸다. 예컨대 캐나다의 한 실험실에서는 쥐에게 한 주에 한 장씩 찢고 놀 수 있는 종이 타월을 제공하는데, 이것이 쥐가 누릴 수 있는 유일한 '호사'다.[18] 실험용 동물 대부분은 장기간 반복되는 연구에 이용되기 때문에 감금당하는 것만으로도 심각한 육체적, 정신적 스트레스를 받을 수 있다.

허술한 규제

의학 연구의 주된 문제 중 하나는 인간의 건강에 직결되지 않은 연구에서 동물실험을 실시하는 것마저 정당화하고 있다는 점이다. '일반적인' 과학 연구를 하는 일부 연구자들마저 실험동물의 사지를 불태우고 부러뜨리며, 장기를 파열하고 전기 충격을 가하는가 하면 눈을 꿰매 앞을 보지 못하게 만든다. 과학자들은 동물의 생리에 대한 단순한 호기심 때문에 수백 년간 이 같은 실험을 하고 있다. 1996년 캐나다에서 극심한 고통을 유발하는 실험에 이용된 동물 중에서 일반 과학 연구에 이용된 동물은 약 14퍼센트, 인간이나 동물의 건강에 직결된 연구에 이용된 동물은 4퍼센트 미만이었고, 나머지는 제품의 판매 승인을 받기 위한 것이었다.[19]

동물권 활동가들은 동물실험 규제가 지나치게 허술하다는 점을 또 다른 문제로 제기한다. 영국이나 호주 같은 일부 국가에서는 연구자들에게 면허를 취득하고 윤리 위원회를 상대로 동물실험의 정당성을 입증할 것을 요구한다. 고통스러운 실험에 대해서는 마취제를 사용하도록 하는 규정 또한 두고 있다.

하지만 캐나다, 미국 등의 많은 나라에는 이 같은 규제가 없다. 캐나다에서는 〈캐나다동물관리의회 Canadian Council on Animal Care〉가 동물실험과 관련된 산업 규정을 마련해 두고 있지만 연방의 재정을 지원받는 기관에만 적용되기 때문에 기업 소유의 민간 실험실에서는 이 규정을 따를 필요가 없다. 연방 차원에서 동물 연구를 규제하는 법규가 없는 것이다.[20] 전 세계 동물실험의 대다수가 이뤄지고 있는 미국에는 동물의 수송과 처리, 거주 환경을 규제하는 "동물복지법"이 있지만 정작 연구 수행

● **동물복지법**Animal Welfare Act— "실험동물복지법laboratory Animal Welfare Act" 으로도 불린다. 1966년 8월 24일 미국 대통령 린든 존슨Lyndon B. Johnson이 법안에 서명함으로써 효력을 발휘하기 시작했다. 연구 목적이나 전시 목적으로 동물을 다룰 때 적용되는 미국 연방법 차원의 법이다. 개, 고양이, 햄스터, 토끼, 영장류, 기니피그를 비롯해 여타의 온혈 동물과 그 사체 또한 이 법의 보호를 받는다. 옮긴이

방식은 규제 대상이 아니다. 다시 말해서 이론적으로 연구자들이 비위생적인 환경에 동물을 거주하게 할 경우 문제가 될 수 있지만, 마취제 없이 동물을 불구로 만들거나 구타하는 행위는 아무런 제재를 받지 않는다. 게다가 미국의 "동물복지법"은 실험실 동물의 대다수를 차지하는 설치류 및 조류, 어류, 파충류에는 적용되지 않는다.

부분적으로는 이 같은 허술한 규제 때문에 동물 연구가 계속되는 것이라 볼 수 있다. 대다수의 연구자들은 자신들이 실시하는 동물실험의 정당성을 입증할 필요가 없기 때문에 과거에 여러 차례 이뤄진 바 있는 실험조차 반복한다. 기존 문헌을 먼저 살펴 알고자 하는 실험 결과가 이미 나와 있을 경우에는 동물실험을 금지한다는 단순한 규정만으로도 동물의 고통을 상당히 줄일 수 있을 것이다. 너무나도 많은 동물 연구가 재탕이거나 큰 의미가 없는 실험이다 보니 이런 연구의 75퍼센트 가량은 의학 저널에 실리지도 못하는 것으로 추정된다.[21] 게다가 이제까지 개발된 의약품 중에서 80퍼센트 가량이 '기존의 훌륭한 제품들을 사소한 분자적 변형'으로 개조한 '모사me-too' 약물들이다. 물론 각국 정부는 신약에 대해 동물실험을 의무 규정으로 두지만 [모사 약물에 해당하는] 이러한 신약은 치료적 가치보다는 상업적 가치가 훨씬 더 크다는 점에서 문제다. 제약 회사들이 특허권을 노리고 개발하는 경우가 많기 때문이다. 제약 회사들은 신약 개발로 이윤을 증대시키지만 많은 동물들은 그 과정에서 불필요한 고통을 겪는다.

누구를 위한 실험인가?

　더 심각한 문제는 제약 회사들이 전 세계 질병의 대다수를 치료할 수 있는 약품을 개발하는 데는 사실상 관심이 없다는 사실이다. 에이즈 치료제를 제외하고 제3세계에 만연하는 질병의 치료제를 개발하는 데 들어가는 돈은 전체 연구비의 1퍼센트 밖에 되지 않는다. 대부분의 돈은 당뇨병, 고혈압, 심장병, 뇌졸중, 비만, 불안 증세 등 서구에서 나타나는 '풍요의 질병' 치료제를 개발하는 데 들어간다.[22] 오늘날 만들어지는 의약품의 80퍼센트가 세계 인구의 20퍼센트밖에 되지 않는 선진국 국민들을 위한 것이다.[23] 서구의 많은 질병은 생활 습관과 환경 때문에 나타나는 것인데도 이를 예방하기 위한 연구에는 거의 돈을 쓰지 않는다.[24] 치료 과정에서는 이윤을 남길 수 있지만, 질병을 예방하거나 퇴치하는 일은 이윤과 무관하기 때문이다.

　사실 지구상의 많은 이들을 죽음으로 몰아넣는 말라리아나 결핵 같은 질병의 치료제는 이미 존재한다. 만일 우리가 오늘날의 의학 지식을 전 세계에 적용시킬 경우 대부분의 때 이른 죽음은 예방할 수 있다.[25] 예컨대 15초에 한 명 꼴로 사망자가 발생하는 결핵 치료법은 이미 60년 전부터 존재했다.[26] 하지만 결핵이 주로 나타나는 곳이 개도국이다 보니 제약 회사들은 치료제를 공장에서 대규모로 생산할 필요성을 느끼지 못한다. 그렇게 크게 남는 장사가 아니기 때문이다. 『기업The Corporation』의 저자인 조엘 바컨Joel Bakan에 따르면 "제약 회사들은 개도국의 주요 사망 원인인 (…) 질병들의 치료제보다는 대머리와 발기 부전 치료제를 팔아 더 많은 돈을" 벌고 있다.[27] 즉, 동물실험을 거친 의약품 대다수는 소수만을 위해 개발된 그다지 중요하지 않은 제품인 것이다. 반면 기존 의약품들은 더 이상의 동물실험도 필요 없고 수백만 명의 목숨을 구할 수 있음에도 큰돈이 되지 않는다는 이유로 개발되지 않는다. ▪

▪ 깊이 읽기

'의술'은 과연 '인술'인가?

미국 『뉴욕타임스』의 2000년 5월 21일 보도에 따르면 아프리카, 아시아, 남미 등 개발도상국에서 흔히 발생하는 질병인 말라리아나 결핵, 수면병 치료제 개발은 30년 동안 제자리걸음이다. 이로 인해 해마다 200여만 명이 목숨을 잃고 있다. 이유는 단 한 가지 '수지가 맞지 않아서'다.

인도주의 단체인 〈국경없는의사회〉 소속 버나드 피콜 박사는 "1975년에서 1997년 사이에 개발된 약품 1,233종 가운데 말라리아 등 열대성 질병 치료제는 1퍼센트인 13종에 불과했다"고 말한다. 애완견을 키우는 사람의 주머니를 노려 '개 치매' 치료제에 매달리는 제약 회사가 저개발국 주민의 고통을 외면하고 있는 것은 세계 의약품 시장에서 이들 국가가 차지하는 비중이 1퍼센트에 불과하기 때문이다.

프랑스와 독일의 합자회사인 〈아벤티스〉의 대변인 프랑세스 그로스는 "제3세계 주민의 고통을 모르는 것은 아니지만 제약사 간 경쟁에서 살아남으려면 어쩔 수 없다"고 말했다. 옮긴이

▶출처─ "다국적 巨大 제약사, 후진국病 치료약 개발 외면", 『동아일보』, 2000년 5월 22일
http://news.naver.com/main/read.nhn?mode=LSD&mid=sec&sid1=104&oid=020&aid=0000005538

동물실험이 불가피한 경우도 있지만 대부분 다른 연구 방법으로 쉽게 대체할 수 있다. 독성을 판별하기 위해 인간의 조직과 배양균, 미세 유기체를 이용하는 시험관 실험이 상당히 발달했기 때문이다. 새로운 영상 기술과 세심한 임상 연구, 전염병 연구 역시 반복적인 동물실험 대신 이용할 수 있는 기법들이다.

동물실험을 믿지 말라

연구자들은 이 같은 대체 기술들이 동물 기반 실험보다 훨씬 더 정확하다는 사실을 보여 준다. 예컨대 독성을 판별하기 위해 실시하는 시험관 테스트는 동물실험보다 최소 11퍼센트 더 정확하다.[28] 또한 〈미의회기술평가국Congress Office of Technological Assessment〉에서는 전염병 연구가 거의 모든 인간 질병의 원인을 파악할 수 있다는 점에서 동물 연구보다 더 유용하다고 밝힌 바 있다.[29] 인간의 생리, 화학적 성질, 세포 및 분자 구성, 순환, 소화는 동물과 매우 다르기 때문이다. 인간과 영장류의 DNA는 97퍼센트에서 99퍼센트까지 일치하지만 그런 영장류조차 인간이 앓는 질병과 동일한 질병을 앓게 조작하는 일은 불가능하다. 따라서 동물실험을 거친 약물이라 하더라도 절반 이상은 인간에게 부적합한 것이다.[30](124쪽 참고)

게다가 과학자들도 동물실험과 관련해서 잘못 알려진 내용이 많다고 인정한다. 그럼에도 아직도 매년 실험실에서는 수백만 마리의 동물이 실험용으로 이용되고 있다. 물론 많은 기업들이 동

NO-NONSENSE

영장류 블루스

영장류는 인간과 99퍼센트 정도의 DNA를 공유하며, 도구를 사용할 수 있고 복잡한 사회관계를 맺고 심지어는 언어를 사용하기도 한다는 점에서 인간과 가장 가까운 동물이다. 하지만 아이러니하게도 이런 특징들 때문에 영장류는 과학 실험의 주 대상으로 활용된다.

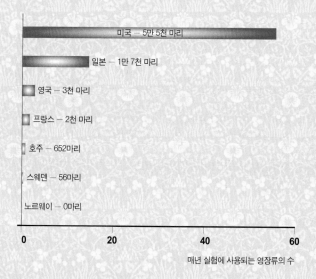

출처─European Biomedical Association, www.ebra.org/stats/; US Department of Agriculture (USDA); "Animals in Scientific Procedures: Regulations in Japan", www.publications.parliament.uk; AESOP Project, www.aesop-project.org; M Budkie, "Rising Tide of Animal Experimentation", www.all-creatures.org; Professor Adrian Smith, "The Use of Research Animals in Norway", http://oslovet.veths.no/info; www.humanecharities.org.au.

물실험 의존도를 낮추기 위해 상당한 노력을 기울인다. 대중들의 시위가 계속되면서 1980년대 후반에는 〈메리케이〉나 〈레블론〉, 〈에이번〉, 〈파베르제〉 등의 유명 화장품 회사들이 동물실험을 중단하는 데 합의했다. 면도기와 구강 청결제, 발한 억제제, 충전지, 브라운 가전제품 등을 제조하는 〈질레트사〉는 10년 넘게 동물실험을 실시하지 않았다. 그러나 1980년대 후반과 1990년대 초반까지의 성과가 무색하게 1990년대 중반부터는 실험에 사용되는 동물 수가 다시 늘고 있다. 대체로 생명공학 산업이 발달하면서 생긴 일이다. 1998년에는 1976년 이후 처음으로 연구용 동물 수가 늘었고 그 뒤로도 조금씩 증가하는 추세다.[31] 작가 샬럿 몽고메리 Charlotte Montgomery의 폭로대로 이는 주로 인간에게 이식할 조직을 만들 목적으로 실험실에서 탄생하고 있는 '형질 전환' 동물의 사용이 늘었기 때문이다. 전 세계 제약 회사들은 수십억 달러를 들여 이 기술을 개발하고 있다.[32] 지금까지 동물의 장기를 인간에게 이식하려던 모든 시도가 실패했지만, 2010년이면 미국에서만 '동물 장기이식' 시장 규모가 한 해에 6십억 달러를 넘어설 것으로 추정된다.[33] 장기이식 연구로 널리 쓰이는 동물은 영장류와 돼지다. 1990년대 초 감소했던 영장류 이용 빈도는 1996년에 이르러 다시 1989년 이전 수준을 회복했다.[34]

철저한 도구화

『의료 윤리 The Bulletin of Medical Ethics』의 편집자인 리처드 니콜

슨Richard Nicholson 박사는 동물 장기이식이 성공한다 해도 인간의 수명은 원래 수명의 0.02퍼센트에 불과한 몇 주 정도 늘어나는 게 전부라고 계산한다.[35] 하지만 생명공학 산업은 인간의 유전자를 지닌 복제 동물을 개발하는 데 혈안이 되어 있다. 복제 동물의 장기는 1만 달러에서 최대 1만 8천 달러 선까지 판매될 것으로 추정되는 데다가, 이와 함께 값비싼 이식 약품의 사용이 증가할 것으로 내다보기 때문이다.[36] 동물을 조작하여 값비싼 약효를 지닌 젖이나 혈액을 만들어 내기 위한 연구에 매진하는 과학자들도 있다. 이 연구가 성공하면 동물들은 인간의 치료제를 생산하기 위한 약물로 길러지게 된다. 연구자들은 이미 양의 몸속에서 혈액 응고제를 생산하는 연구를 시작했다. 이렇게 생산된 약품의 시장 규모는 대략 1억 달러에 이를 것으로 추정된다.[37]

하지만 모든 유전자조작 동물들이 의학적 목적 때문에 탄생하는 것은 아니다. 돼지의 면역계를 조작해 지방조직을 공격하는 방식으로 살코기가 많은 육질을 만들거나 고기 생산량을 늘리기 위해 엄청나게 빠른 속도로 성장하게 하는 작업은 이미 이뤄졌다. 굳이 깎을 필요 없이 털을 스스로 벗을 수 있는 양이나, 깃털 없이 태어나는 가금류를 만들기 위한 연구 역시 이루어지고 있다.[38] 〈넥시아생명기술회사Nexia Biotechnologies〉는 염소에 거미 유전자를 주입하여 거미줄 단백질이 함유된 염소젖을 생산해 방탄조끼를 만드는 데 사용한 바 있다.[39] 아직까지 실험에 성공해 본 적도 없으면서 알레르기를 유발하지 않는 고양이를 2007년까지 시장에 출시하겠다는 계획을 가지고 벌써 주문을 받고 있는 회사도 있다.[40] 이 같은 실험들은 대상 동물에게 심각한 고통을 준다. 언론에는 그렇게 자주 보도되지 않지만 유전자조작 동물들에게 기형, 종양, 장기 이상 발달, 조기 사망은 흔히 나타난다.[41] 예컨대 동물 한 마리를 성공적으로 복제하기 위해서는 다른 동물을 98마리나 죽여야 한다.[42] 동물 운동가들은 장기이식 연구에 이용되는 동물들이 특히 처참한 여건에서 살아간다는 사실에 우려를 표하기도 한다. 이들은 감염을 예방하기 위해 완벽하게 살균된 환경에서 다른 동물들과 철저하게 격리돼 있어야 하는데, 영장류나 돼지처럼 장기이식 연구에 사용되는 많은 동물들은 지능이 높아서 쉽게 지루해한다. 따라서 "피할 수 없는 외로움과 박탈감"을 느끼기 마련이다.[43]

장기이식 동물의 생산은 동물 특허권과 연결된다는 점에서 더 넓은 윤리적 문제 역시 제기한다. 어떤 동물의 유전자 중 한 가지만 변형하더라도 제약 회사들은 해당 동물과 그 후손 모두, 어쩌면 복제된 동물 모두에 대한 소유권을 주장할 수 있다. 식물의 경우 이미 이 같은 일이 벌어지고 있다. 특허가 매겨진 식물이라면 거기서 수확한 씨앗에 대해서도 농민들이 돈을 지불해야 하기 때문에 이로 인해 국제적 논란이 야기되는 것이다.

특허권 경쟁의 희생양

무엇보다 동물 유전자 특허권은 살아 있는 생명체를 사적으로 소유할 수 있는 상품이나 인간의 발명품으로 전락시킨다는 점에서 훨씬 광범위한 문제를 일으킬 수 있다. 동물에 특허를 매길 경우 기업이 지구상의 모든 '생명의 청사진'을 소유하거나 그로부터 이윤을 얻을 수 있다. 회사 하나가 모든 호랑이 DNA에 대한 권리를 소유하고 있어서 이를 마음대로 조작하고 판매할 수 있다고 생각해 보라. 동물 특허권은 사적인 소유가 가능하고 시장에서 이윤을 낼 수 있는 것만이 가치가 있다는 시장주의적 관점을 강화할 뿐이다.[44]

이미 포유동물에 대한 특허권을 인정하기 때문에 제약 회사들은 시장성이 있는 유전자를 찾아 전 세계를 미친 듯 뒤지고 있다. 1988년 미국의 특허상표청은 암을 가지고 태어난 실험용 쥐 '온코마우스'에 대한 특허를 포유류 최초로 인정했다. 1993년에는 유럽 특허청도 온코마우스에 대한 특허를 인정했다.[45] 지금까지 쥐, 고양이, 개, 양, 돼지, 소, 영장류 등에 대해 470가지 특허를 인정한 상태며 수천가지가 추가로 계류 중이다. 1980년대 이전에는 살아 있는 유기체에 특허를 매기는 것이 불법이었지만, 이제 특허를 매길 수 없는 것은 아무런 개입 없이 태어난 인간의 유전자뿐이다.

●온코마우스OncoMouse—필립 레더philip Leder와 티머시 스튜어트Timothy A. Stewart 등 하버드 대학 연구진에 의해 탄생해 '하버드 마우스'라고도 불린다. 암 연구 실험에 사용할 수 있도록 종양 유전자oncogene를 가지고 태어나 암에 대한 감수성이 높다. 온코마우스 종에 대한 특허는 〈뒤퐁〉이 소유하고 있으며 전 세계적으로 생명 특허에 대한 열띤 논쟁이 시작되는 계기를 마련했다. 옮긴이

동물 운동가들은 오늘날의 과학 연구 방식이 비윤리적이라고 말한다. 이들은 백 번 양보하더라도 최소한 모든 불필요한 실험

은 금지시켜야 한다고 주장한다. 과거에 시행된 적이 있거나 대체할 수 있는 방법이 있는 실험, 혹은 필수재가 아닌 제품을 위한 실험을 가리키는 것이다. 동물 운동가들은 인도적인 관심보다 이윤에 더 많이 좌우되는 연구 사업 때문에 동물들이 고통을 받아서는 안 된다고 지적한다.[46] 많은 동물권 조직은 지금 당장은 특정 부분에 집중해 개혁을 위해 힘쓰고 있지만 동물실험이 근본적으로 그릇되었다고 믿는다. 아무리 인간의 생명을 구할 수 있는 기술에 기여한다고 하더라도 마찬가지다. 미국, 영국, 일본 등지의 생체 해부 철폐 운동 조직들은 동물들을 과학과 의학 연구에 절대 이용해서는 안 된다고 입을 모은다. 동물이 실험 과정에서 고통을 느낄 수 있기 때문이다.

기습과 시위

대부분의 활동가들은 동물실험을 막기 위해 시위나 교육 캠페인, 청원 등, 합법적인 수단을 이용하지만 일부 활동가들은 동물이 과학의 제물이 되는 걸 저지하기 위해 기꺼이 법을 어기기도 한다. 1980년대 초반부터 많은 동물 운동가들이 전 세계에 있는 실험실과 실험용 사육 시설을 수백 차례 기습했다. 이들은 스스로를 〈동물해방전선〉 회원이라고 밝혔다. 〈동물해방전선〉 활동가들은 섬뜩한 비밀 실험 사진을 찍는가 하면 수백 달러어치의 장비를 파괴하고 경우에 따라서는 동물을 정말로 풀어 해방시키기도 했다. 최근 연구 시설의 보안이 강화되면서 몇 년간 실험실

기슭은 뜸해졌다.

하지만 동물권 문제가 폭넓은 대중의 지지를 받고 있는 영국에서는 아직도 동물실험 반대 운동이 활기를 띠고 있다. 그 결과 지난 10년간 〈헌팅던사社 동물학대중지Stop Huntingdon Animal Cruelty〉를 중심으로 여러 곳의 사육 시설과 연구 시설을 폐쇄시키는 데 성공했다. 먼저 1997년 영국의 동물권 운동가들은 [상업적인 비글 사육업체인] 〈콘소트 커넬즈Consort Kennels〉에 압력을 넣었다. 결국 회사는 폐쇄되고 실험용으로 사육되던 비글 강아지 2백 마리를 구출하는 성과를 거둔다. 또한 힐그로브 고양이 농장에 눈을 돌려 결국 1999년 이 시설은 문을 닫았고 8백 마리의 고양이가 구출되었다. 이 성과를 바탕으로

*비글beagle—짧은 털에 넓적한 머리, 긴 귀를 가진 비글은 원래는 사냥견이었다. 그러나 영리한 데다 주인을 잘 따르고 온순한 성격을 가지고 있어 동물실험에 많이 사용돼 집중 사육되고 있다. 만화 피너츠에 나오는 스누피의 모델로 잘 알려져 있다. 옮긴이

〈헌팅던 생명과학〉*이라는 연구 기업을 겨냥해 〈헌팅던사 동물학대중지〉가 본격적으로 활동을 전개한다. 조직들은 이 기업의 고객, 공급업자, 보험 제공사에 압력을 넣었고, 영업을 중단시키기 위해 〈헌팅던 생명과학〉을 상대로 소송을 제기하기도 했다.

변화의 물꼬

〈헌팅던사 동물학대중지〉 때문에 〈헌팅던 생명과학〉의 계약률은 급격하게 감소한다. 늘어나는 지출을 감당하지 못하고 2001년

〈헌팅던 생명과학〉은 [영국에서 운영하던] 가게의 문을 닫고 미국으로 옮겨 갔다. 〈헌팅던사 동물학대중지〉에 속한 이들은 〈헌팅던 생명과학〉이 '재정적으로 회생 가능성이 없으므로' 결국 모든 시설을 폐쇄하게 될 것이라고 자신한다.[47] 영국의 다른 조직들 역시 비슷한 성공을 이뤄 냈다. 2003년에는 〈케임브리지 영장류실험 중단을위한모임(Stop Primate Experiments at Cambridge, SPEAC)〉이 조직한 대규모 시위 때문에 결국 케임브리지 대학에 영장류 실험실을 만들려던 계획이 무산되었다.

하지만 그 이후 그와 유사한 실험실을 옥스퍼드 대학교에 건설하려는 계획이 진행되자 SPEAC(현재는 SPEAK으로 개칭함)은 대중들의 의견이 묵살되었다는 사실에 분노하여 다른 생체 해부 반대 운

■ 깊이 읽기

〈헌팅던 생명과학〉은 이제 그만!

〈헌팅던 생명과학〉은 1952년 설립된 회사로 의약품, 화학품, 식품 등을 연구하면서 동물실험을 광범위하게 진행해 1980년대부터 동물 학대 논란을 불러 일으켰다. 1999년에는 동물권 운동가들이 이들의 잔인한 실험을 비디오로 촬영하는 데 성공해 〈헌팅던사 동물학대중지〉가 행동에 나서는 계기가 됐다. 영국에서 반대 여론이 거세지자 미국으로 거점을 옮겼지만, 이번에는 미국 내 동물권 운동가들이 거세게 반발했다. 결국, 영국과 미국의 동물권 운동가들이 공동으로 헌팅던사 동물 학대 철폐 캠페인을 전개해 〈헌팅던 생명과학〉의 뉴욕 상장을 무기한 연기하는 성과를 거뒀다. 옮긴이

▶참고─김성수, "강아지를 죽여야 과학이 발전한다고?", 오마이뉴스, 2005.9.14.
　　　http://www.ohmynews.com/NWS_Web/View/at_pg.aspx?CNTN_CD=A0000280234

동 조직들과 함께 유럽 최대의 영장류 실험실을 꿈꾸는 이 새 시설에 반대하는 캠페인을 시작했다. 2004년에는 옥스퍼드 실험실의 주계약자인 〈몽펠리에Montpellier〉가 생체 해부 반대 운동 조직의 압력 때문에 1천8백만 달러짜리 계약을 철회했고 이 때문에 실험실 건설은 16개월간 중단되었다. 2006년 12월 공사가 다시 재개되었고 관련 기업의 이름은 비밀에 부쳐졌다. 그러나 SPEAK에서는 옥스퍼드 대학교가 이 프로젝트를 취소할 때까지 꾸준히 캠페인을 벌일 계획이다.[48]

수년간의 로비 활동에 힘입어 각국 정부는 동물실험의 대안을 마련할 필요가 있다고 인정한다. 대부분의 서구 정부들이 대안적인 실험 모델을 개발하는 데 투자하기 시작한 것이다. 게다가 〈유럽집행위원회European Commission〉에서는 동물실험에 관한 단일한 법률을 제정하여 서로 다른 나라에서 동일한 실험을 반복하지 않게 하는 한편, 동물실험을 실시하기 전에 대안적인 방법을 탐색하게 할 방법을 모색하고 있다. 이제까지 〈유럽집행위원회〉의 지침을 이행한 나라는 영국, 독일, 네덜란드이며, 프랑스와 이탈리아는 고려 중이다.[49] 독일, 네덜란드, 슬로바키아는 이미 화장품에 대한 동물실험을 금지시켰고, 영국은 화장품, 주류, 담배 연구를 위한 동물실험을 금지하고 있다. 첨단 제약회사인 〈영미 애스터랜드Anglo-US Asterand〉는 동물실험 대신 시험관 테스트에만 의존하고 있다.[50] 영국과 뉴질랜드(아오테아로아)는 침팬지, 고릴라, 오랑우탄, 보노보를 포함해 유인원에 대한 실험을 금지시키기도 했다. 이는 인간과 영장류 간의 구분을 무너뜨리는 중대한 진전이라 할 수 있다.[51] 노르웨이에서는 이미 시장에 출시된 약품과 크게 다르지 않은 제품 개발 과정에서 동물실험을 실시하는 것을 억제하기 위해 필요한 약품만을 개발한다. 스위스는 모든 동물실험을 단계적으로 폐쇄하는 데 앞장서고 있다.[52]

고통을 최소화하기

인도에서도 긍정적인 변화가 나타나고 있다. 인도의 제약 회사 중에는 자이나교도가 소유주인 경우가 많은데, 물론 전부는 아니지만 일부 자이나교도들은 실험에서 발생하는 고통을 최소화하기 위해 심혈을 기울이는 한편, 실험이 끝난 뒤에는 실험용 동물들을 회복시켜 방생하는 시설도 함께 운영하고 있다.[53] 또한 인도 정부는 살아 있는 원숭이를 실험용으로 서구에 수출하지 못하게 금지하고 있으며, 동물 해부를 학생들의 선택 사항으로 지정하고 있다.[54]

북미는 실험실 개혁에 뒤쳐져 있지만 미국의 일부 주들은 학내 동물 해부와 고통스런 드레이즈 테스트를 금지하고 있다. 오늘날 미국 의대의 3분의 2는 더 이상 동물 해부에 의지하지 않는다. 캐나다는 동물 유전자 특허를 금하고 있는데, 실험실 동물들에게는 아주 반가운 소식이 아닐 수 없다.

이 같은 성공 덕에 활동가들은 동물실험에 반대하는 운동이 실제로 의사 결정자들에게 영향력을 행사하고 있다는 낙관적 입장을 견지할 수 있게 됐다. 많은 동물들이 지금도 실험실에서 고통받고 있지만 활동가들의 노력 덕분에 동물이 실험용으로 사용되는 사례는 1970년대 이후로 줄어들고 있다. 또한 많은 조직들이 동물실험이 완전히 철폐되는 그날까지 최선을 다할 것이다.

6 잔혹한 패션

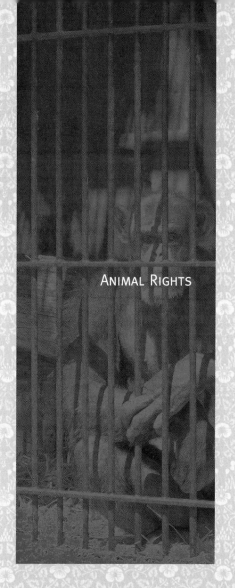

ANIMAL RIGHTS

패션 산업은 동물을 어떻게 착취하는가?
'인도적인' 모피와 가죽은 존재하는가?
윤리적인 패션이란 무엇일까?

잔혹한 패션

모피, 가죽, 양모 교역 때문에 많은 노동자들과 동물에 대한 학대가 지속되고 있다.

"이 세상의 동물은 각자의 존재 이유가 있다. 흑인이 백인을 위해,
여성이 남성을 위해 창조된 것이 아니듯, 동물은 인간을 위해 존재
하는 것이 아니다."

— 앨리스 워커Alice Walker(1944년~, 작가)

인간은 의복을 위해 항상 동물을 이용했다. 최초의 유목민들은
사냥한 동물의 가죽과 털을 이용했고, 그 뒤에 나타난 농경 사회
에서는 가축의 양모와 가죽을 이용했다. 하지만 초기 인류가 의
복을 마련하기 위해 재료를 구하던 방식은 산업화와 뒤이은 세계
화를 거치며 크게 변모했다. 예전에는 모피, 양모, 가죽을 지역에
서, 기본적인 필요를 충족시킬 수 있을 만큼만 생산했지만, 이제
는 패션의 요구가 사회 곳곳을 뒤흔들고 있다. 19세기 후반, 의복
과 신발이 대량으로 생산된 이래로 선진국 국민들은 더 많은 제
품을 사라는 부추김을 받고 있고, 실제로 유행을 좇을 만한 여력

도 된다. 오늘날 의복과 신발 산업은 국제적인 규모로 성장하고 있으며, 생필품보다 더 많은 이윤을 남길 수 있는 산업으로 자리 잡고 있다.

모피는 한때 생필품이었다. 추운 북부 지방에 사는 사람들은 겨울철이면 동물 가죽 덕분에 따뜻하고 보송보송하게 지낼 수 있었다. 하지만 인구가 증가하면서 과도한 사냥과 농업 용지 개간 때문에 유럽에서 모피 동물이 줄어들었다. 가령, 영국에서는 늑대와 곰이 이미 17세기에 멸종했다. 모피 동물이 희소해지자 모피는 갈수록 상류층의 상징이 되어 갔다. 하층민들은 양모나 다른 섬유 같은 값싼 대체제를 이용했다. 그때부터 모피는 세계 대부분의 지역에서 [특별한] 패션 품목이 되었다. 오늘날에도 모피는 여전히 많은 문화권에서 부와 사회적 지위의 상징이다. 하지만 20세기에 들어와 특히 서양에서 점점 더 많은 사람들이 모피를 입게 되면서 모피 산업이 활성화되었다. 줄어드는 야생동물 대신 꾸준히 털가죽을 제공받을 수 있는 방편으로 모피 동물을 사육하기 시작한 것도 이즈음이었다.

모피 산업의 부활

선진국에서 사치재로 자리매김하고 있는 모피는 오랫동안 동물 운동가들의 공격 대상이었다. 현대적인 캠페인은 뮈리엘 다우딩Muriel Dowding 여사의 "잔혹하지 않은 아름다움Beauty Without Cruelty" 운동이 영국에서 시작된 1950년대 말부터 전개되었고,

1987년 모피 시장이 붕괴할 무렵 절정에 달했다. 모피 반대 운동은 동물실험 화장품 반대 운동과 함께 동물권 운동 가운데 가장 크게 성공했다. 유명 인사들이 모피 반대 운동에 동참하여 패션쇼에서 모피로 된 옷을 입지 않겠다고 선언하고 PETA의 광고에 출연하기도 했다. 1990년대에 이르면 많은 사람들이 모피를 부담스러운 패션으로 간주해 모피 시장은 크게 위축된다.

하지만 최근 몇 년간 모피 산업은 극적인 회생에 성공했다. 1990년대 말 모피 업계는 위축된 모피 시장을 다시 활성화시키기 위해 디자이너들에게 무료로 모피를 제공했다.[1] 이 전략은 먹혀 들었다. 처음에는 디자이너들이 모피를 밝은 색으로 염색해 진짜처럼 보이지 않게 했다. 하지만 이제는 있는 그대로의 모피가 다시 인기를 끌고 있다. 전신을 뒤덮는 코트까지 재등장했다.[*] 10년 전만 해도 사람들은 이런 코트를 공공연하게 입지 못했지만 이제 다시 유행을 타면서 부촌과 패션쇼에서 흔하게 볼 수 있는 품목이 됐다. PETA를 위해 모피 반대 배지를 달고 포즈를 취하던 신디 크로퍼드처럼 1990년대에 모피를 삼가던 유명 인사들도 이제는 동물의 가죽을 입는다. 아직은 대체로 부유한 이들만 모피를 입고 다니지만, 모피 업계는 '가격 다양화를 통해 폭넓은 소비자들에게' 어필할 수 있는 판매 전략을 개발함으로써 '민주화'를 꾀

뮈리엘 다우딩Muriel Dowding, 1908~1993

영국의 동물권 운동가. 남편인 휴 다우딩Hugh Dowding은 영국의 정치인이자 공군 총사령관을 지낸 인물이다. 두 사람 모두 채식주의자이면서 생체 해부 반대 운동가로 알려졌다. 1959년 〈잔혹하지않은아름다움〉이라는 단체를 설립해 패션 산업 때문에 고통 받고 있는 동물의 아픔에 관심을 가지자고 촉구했다. 옮긴이

하고 있다.[2] 끝단에만 모피를 단 겨울용 점퍼는 이런 전략의 일환이다. 덕분에 전보다 더 많은 사람들이 모피를 입는 호사를 누리게 되었다.

덫

1990년대 이후로 모피에 대한 대중들의 태도는 변했는지 모르지만 모피 생산 방식은 전혀 변하지 않았다. 동물 운동가들은 사육된 동물이든 야생동물이든, 모피 생산 방식은 지나치게 잔인하다고 강조한다. 동물을 잡는 방법에는 여러 가지가 있다. 족쇄 덫

■ 깊이 읽기

패션의 희생자

몸 전체를 덮는 털 코트를 만들기 위해서는 다음 중 한 가지가 필요하다.
- 바다표범 8마리
- 코요테 16마리
- 스라소니 18마리
- 수달 20마리
- 라쿤 40마리
- 여우 42마리
- 흑담비나 사향쥐 50마리
- 밍크 60마리

▶출처—Tom Regan, *Empty Cages*, Rowman and Littlefield, 2004.

은 동물의 다리나 발을 꽉 무는 톱니가 달린 금속 장치다. 이 덫에 걸릴 경우 4분의 1가량은 발이 잘린 상태로 도망치게 되므로 특히 끔찍한 덫이라 할 수 있다.[3] 이렇게 도망친 동물들은 대부분 과다 출혈이나 감염 때문에 천천히 죽거나 먹이를 구하지 못해 굶어 죽는다. 덫에서 빠져나가기 위해 이 억센 금속 장치를 이빨로 물어뜯다가 이빨이 모두 나가 버릴 수도 있다. 사냥꾼들은 동시에 여러 개의 덫을 놓기 때문에 덫을 회수해서 잡힌 동물을 죽이기까지 평균 15시간이 걸린다. 이 시간 동안 동물들은 끔찍한 고통에 몸부림친다.[4] 지리적으로 더 외진 러시아나 캐나다 일부 지역의 경우에는 동물을 회수하는 데 일주일씩이나 걸리기 때문에 그 사이 동물은 보통 기아나 저체온증으로 죽거나 다른 동물에게 잡아먹힌다. 사냥꾼이 도착했을 때도 아직 동물이 살아 있다면 털가죽을 살린 상태에서 죽이기 위해 몽둥이로 내려치거나 발로 차서 죽인다.[5]

비버처럼 반半수중 동물은 물속에 덫을 놓아 잡는다. 다리가 덫에 걸리면 덫의 무게 때문에 동물은 익사한다. 분명 빠르고 인도적인 방식일 수는 있지만 고통이 없다고는 볼 수 없다. 반수중 동물들은 보통 물속에서 20분가량이나 그 이상을 버틸 수 있기 때문이다. 뼈를 부러뜨려 동물을 즉사시키는 '코니베어 덫'도 있다. 문제는 목표 동물보다 더 크거나 작은 동물이 덫에 걸릴 경우 덫이 제대로 작동하지 않아 심하게 다칠 뿐 죽지 않을 수도 있다는 점이다. 이처럼 '인도적'이라고 알려진 대안들마저 엄청난 고통을 야기한다.

덫은 대상을 가리지 않는다. 덫에 걸리는 동물 3마리 중 2마리는 사냥꾼이 잡으려던 동물이 아닌 것으로 추정된다. 매년 이렇게 잘못 걸리는 '쓰레기' 동물들이 미국 한 곳에서만 4백만 마리에서 6백만 마리에 달한다. 애완동물도, 멸종 위기종도 이런 덫에 걸려들기만 하면 '쓰레기'가 될 수 있다. 미국에서는 집에서 키우던 개나 대머리 독수리가 덫에 자주 걸린다.[6]

덫은 멸종 위기종을 위협할 뿐 아니라 지역 생태계에 여러 가지 치명적인 영향을 미칠 수 있다. 덫에 걸리는 모피 동물들은 대부분 육식동물이기 때문에 덫을 너무 많이 놓을 경우 피식자들이 지나치게 불어나 먹이를 찾아 인간이 사는 곳을 침범할 수 있다. 곧 자연사할 병들거나 약한 동물뿐만 아니라 건강한 동물들도 덫에 자주 걸려들기 때문에 덫을 대규모로 놓을 경우 종의 안정성과 장기적인 생존을 침해하게 된다.[7]

동물의 권리 대 원주민의 권리

북미에서 사냥으로 생계를 유지하는 원주민 사냥꾼들이 모피를 얻기 위해 사냥하는 동물은 전체 모피 동물의 약 1퍼센트에 불과하다.[8] 이 수가 워낙 적다 보니 동물권 활동가들은 원주민들의 사냥 문제는 도외시한 채 국제적인 모피 산업만을 겨냥하는 경향이 있다. 하지만 많은 생계형 사냥꾼들이 자신이 사냥한 동물의 털가죽을 전 세계 모피 의류 회사에 판매한다는 점에서 이는 간과할 수 없는 문제다. 모피 산업이 붕괴하면 원주민들의 생활수준이나 생존에 필요한 소비재를 구입할 수 있는 능력도 함께 저하되는 것이다. 이에 원주민들이 사냥을 멈추고 주류 문화에 동화되어야 한다고 주장하는 활동가들도 있다.[9]

특히 바다표범 사냥은 국제적인 논란까지 불러왔다. 상업적인 사냥 규모가 워낙 큰 데다 바다표범을 사냥하는 기법이 잔혹해서 국제적으로 이에 대한 분노가 일어난 것이다. 1980년 바다표범 사냥에 반대하는 운동이 일자 미국과 유럽연합에서는 바다표범 새끼의 털가죽으로 만든 화이트코트의 수입을 금지시켰다. 또한 다 자란 바다표범 털가죽에 대한 보이콧도 이어졌다. 이 때문에 수백 년간 바다표범을 사냥하던 캐나다, 알래스카, 그린란드 등지의 이누이트들의 수입이 급감했다.

•이누이트Innuit─북아메리카의 북극해 연안에 사는 사람들을 가리키는 말로 이누이트어로 '사람'이라는 뜻이다. 주로 순록을 키우고 사냥을 하며 살아간다. 옮긴이

오늘날 이누이트 사냥꾼들은 바다표범을 사냥할 때 스노우모빌을 타고 총을 이용한다. 이 때문에 바다표범 사냥 반대 운동에 간여하고 있는 일부 동물권 집단들은 재래식 사냥을 포기했다는 것은 사냥에 대한 권리를 포기한 것이나 마찬가지라고 주장한다. 하지만 바다표범 고기는 지금도 이누이트들의 주식이며, 이는 이누이트들이 사냥을 해야만 하는 주된 이유가 된다. 이누이트는 바다표범 털가죽을 팔아 스노우모빌이나 휘발유, 탄약, 건조 식품 등을 구입한다. 모두 오늘날 북극에서는 필수품이다.[10]

이누이트 사냥꾼들은 결코 바다표범 군집의 멸종이나 화이트

코트 사냥의 잔혹함에 책임이 없다. 이들이 사냥하는 건 99퍼센트가 다 자란 어른 바다표범이기 때문이다. 그러나 바다표범 산업에 대한 보이콧은 분명 바다표범 털가죽을 팔아서 살아가는 이누이트들의 생활양식을 위협한다. 따라서 동물권 활동가들은 모피 산업 일반, 특히 바다표범이나 고래잡이 산업을 비판할 때 신중을 기해야 한다. 사냥을 무턱대고 반대할 경우 산업적인 동물 착취 반대 운동의 잠재적인 동지들과 척을 지는 한편, '북반구의 꾸준한 식민 과정'을 영속시키는 우를 범할 수 있기 때문이다.[11] 동물권 활동가 가운데도 많은 이들이 원주민의 권리도 민감한 문제라고 여기기 때문에 이 같은 긴장을 충분히 이해하고 있다. 아마도 이 때문에 원주민 사냥 문제에 대해서는 보통 침묵하는 것인지 모른다.

사육되는 모피 동물

전 세계 모피의 75퍼센트 이상은 사육 시설에서 생산된다. 이 모피 사육 시설에서는 매년 약 3천만 마리의 동물들이 도살당한다.[12] 과거 모피용 야생동물이 넘쳐 나던 지역에서 점차 개체수가 줄어들게 되자 20세기 초부터 이 같은 사육 시설들이 생겨나기 시작했다. 오늘날 대부분의 사육 시설들과 마찬가지로 모피 동물 사육도 집약적으로 이루어진다. 동물들은 도살할 정도로 충분히 클 때까지 닭장과 유사한 철망으로 된 작은 우리에 갇혀 지낸다. 가장 많이 사육되는 모피 동물은 밍크이고 그 다음이 여우다.[13] 이제는 야생 밍크보다 사육되는 밍크가 더 많다고 추정된다.

게다가 〈미국휴메인소사이어티〉의 추정에 따르면 아시아 각국에서 고기용으로 고양이와 개를 집약적으로 키우다가 이들의 털을 토끼나 '아시아 여우'라고 속여 북미 시장에 내놓는 경우도 있는데 이로 인해 희생당하는 동물이 매년 약 2백만 마리에 이른다.[14] 모피 동물 사육 시설의 여건은 지독하게 나쁘다. 모피 동물에게서는 털만 취하면 되기 때문에 굳이 건강할 필요가 없다. 따라서 동물이 병에 감염되거나 부상을 당하더라도 보통 치료하지 않고 내버려 둔다. 진드기, 이, 벼룩 같은 기생 동물들 역시 널려 있다. 모피용 동물들은 사육되기 시작한 뒤로 세대 갈이가 두어 차례 밖에 이뤄지지 않았고 야생에서 살다가 포획되는 경우도 많기 때문에 동물원이나 서커스단에 있는 다른 동물들처럼 심각한 정신장애의 징후를 보인다.

예를 들어 밍크는 자연 상태에서는 약 10제곱킬로미터를 활보하고 다니지만 농장에서는 신발 상자 두 개 정도 크기밖에 되지 않는 우리에 갇혀 몸을 제대로 뻗지도 못한다. 60퍼센트는 물속에서 보내는 반수중동물의 경우 물 먹을 때를 제외하고는 물에 접근조차 할 수 없다 보니 상상할 수도 없는 끔찍한 고통에 시달린다. 사육 시설에 있는 밍크의 약 30퍼센트가 자해 행동을 보이며, 동족 살해 또한 흔하게 일어난다.

여우 같은 육식동물들은 밍크보다 활동 반경이 훨씬 더 넓지만 보통 2.5제곱미터 밖에 안 되는 우리에 네 마리씩 갇혀 지낸다. 이렇게 밀집된 환경에 감금되어 있다 보니 이들 역시 자해, 동족 살해, 기타 여러 가지 정신 이상 행동을 보인다.[15] 사육 동물을 죽일 때는 독극물을 쓰거나 생식기나 항문을 감전시키거나 질식시키거나 목을 부러뜨리는 등의 방식을 이용한다. 인도적인 도살법은 모피 동물에게는 적용되지 않기 때문에 의식이 있는 상태에서 모피 동물을 죽이더라도 법적으로는 전혀 문제가 되지 않는다.

많은 동물권 운동가들은 덫을 놓는 것보다 모피 동물을 사육하는 행위가 훨씬 더 잔인하다고 생각한다. 모피 동물들은 사육 시설에서 일평생을 비참하게 살다가 죽기 때문이다. 모피 동물들은 원래 야생동물인 경우가 많아서 이들을 감금할 경우 가축보다 훨씬 더 고통스러워한다. 이 때문에 모피 사육 시설은 동물권 운동의 주요 공격 대상이다.

1995년부터 1999년 사이 동물권 활동가들이 약 60차례를 기습해 수만 마리의 모피 동물들을 풀어 주었다는 통계도 있다.[16]

모피가 다시 패션 상품으로 자리 잡고 있다는 사실에 많은 동물권 활동가들이 불편한 심기를 드러내고 있지만, 아직까지는 모피 산업이 1980년대 후반의 붕괴 이전 수준으로 회복할 기미는 보이지 않는다. 1999년에는 연간 약 7천만 마리의 동물들이 모피의 희생양이 되었지만, 오늘날에는 4천만 마리에도 못 미친다.[17] 많은 이들이 아직도 모피 대신 기발한 모사품을 택하고 있기 때문이다. 하지만 PETA는 모피 반대 캠페인을 다시 시작하여 '모피를 입을 바에는 차라리 벗고 지내겠다'는 의견을 피력한 유명 인사들을 다수 확보했다. 이 캠페인에서 PETA는 모피의 고급 이미지를 실추시키기 위한 시도로 오래된 모피 코트를 기증받아 뉴욕

시의 노숙자 쉼터에 기증함으로써 논란을 일으키기도 했다. PETA는 패션 업계가 15년 전 모피를 거부했을 당시의 기억을 되살리길 바라며 캠페인을 진행했다고 말한다.

가죽 산업은 문제없나?

인간은 소나 돼지 같은 가축의 가죽을 가장 많이 이용한다. 내구성이 뛰어난 가죽은 세계에서 가장 널리 사용되는 패션 소재다. 거리를 걷거나 버스를 타 보면 거의 모든 사람들이 가죽 신발을 신거나 가죽 벨트를 한 것을 볼 수 있다. 모피가 유행에서 밀려나자 많은 디자이너들이 가죽을 대체품으로 사용했기 때문인 것으로 풀이된다. 가죽 코트, 가죽 바지, 가죽 치마와 점퍼는 이제 인기 상품이 되었다. 미국에서는 가죽 판매량이 1991년 9억 달러에서 1999년 27억 달러로 늘어났다.[18] 1979년과 1996년 사이에는 국제 소가죽 무역이 4배로 늘어나기도 했다.[19] 소나 돼지만이 아니라 캥거루, 악어, 뱀도 가죽으로 쓰인다. 이 가운데 악어와 뱀은 가죽을 얻기 위해 사육되기도 한다.

동물성 식품을 먹지 않는 사람들조차도 가죽은 육류 산업의 부산물일 뿐이기 때문에 가죽 제품을 이용한다고 해서 살상 행위를 직접적으로 지원하는 것은 아니라고 생각한다. 하지만 동물권 활동가들은 육류 산업과 가죽 제품은 긴밀하게 연결되어 있다고 주장한다. 가죽은 사실상 육류 산업에 포함된 또 다른 제품이며, 가축의 시장 가치에는 가죽 가격 또한 포함되어 있다는 것이다.[20]

사향 오일 향수

"건조된 분비물은 사향노루, 비버, 사향쥐, 사향고양이, 수달의 생식기를 고통 스럽게 쥐어짜서 얻는다. 이 향을 얻기 위해 들고양이를 끔찍한 철창 속에 가둬 놓고 생식기 주위를 채찍으로 때리는가 하면, 덫을 놓아 비버를 잡고, 총을 쏘아 사슴을 잡는다."[1]

동물성 사향을 대체할 수 있는 합성 물질이 존재하는데도 일부 향수 회사들은 천연 사향을 고집한다. 예컨대 사향고양이는 사육이 용이하다는 이유로 향수 업계에서 아직까지 널리 사용되고 있다. 〈세계동물보호협회〉가 1999년 실시한 조사에 따르면 〈샤넬〉, 〈랑콤〉, 〈까르띠에〉 등 일부 고급 향수 회사들은 대안이 존재하는 상황에서도 고양이의 사향을 이용하고 있었다.[2]

▶출처─1. www.caringconsumer.com/ingredientslist
2. World Society for the Protection of Animals, www.wspa-international.org

구두에 대한 집착

구두 같은 동물성 제품에 대한 수요가 늘면서 동물 산업 전체가 탄력을 받고 있다.

1인당 연간 구두 소비

국가	미국	덴마크	프랑스	영국	베트남
컬레 수	6.2	5.8	5.6	5.1	0.4

▶출처─ "The Leather Global Value Chain and the World Leather Footwear Market",
www.factbook.net/leather_evolution.php

공장형 사육 시스템을 효과적으로 보이콧하려면 동물성 식품뿐만 아니라 가죽 제품 또한 포기해야 한다는 것이 이들의 주장이다. 세계 시장에서 상품으로서 가죽은 고기보다 조금 더 높은 가격에 거래된다는 점에서 분명 타당한 주장이다.

가죽 산업은 가히 세계적이라 할만하다. 북미와 유럽 양 지역 모두 가죽으로 쓰일 수 있는 동물을 많이 보유하고 있으면서도 대부분의 가죽 제품을 아시아에서 수입한다. 오늘날 아시아는 최대의 가죽 수출 지역으로, 세계 가죽의 78퍼센트를 공급하고 있다.[21] 북미에서는 매년 수백만 마리의 소와 돼지가 살육당하고 있지만, 이들의 가죽은 제품으로 이용되지 않는다.

동물 복지 활동가들은 특히 양대 공급국인 중국과 인도의 가죽 산업에 우려를 표명해 왔다. 중국에서는 동물 복지나 인도적인 도살법이 서구보다 훨씬 허술하기 때문에 중국 가죽 제품을 구입해서는 안 된다는 것이다.

하지만 인도의 경우 대부분의 소는 불법적인 암시장에서 도살되기 때문에 규제가 전혀 이루어지지 않아 상황은 훨씬 심각하다. 많은 경우 인도에서는 소를 죽이는 행위가 불법이기 때문에 소를 적절하게 운반하고 도살할 수 있는 시설이 존재하지 않는다. 따라서 도살된 소들은 어김없이 허술하게 취급된다. 동물권 단체 대부분이 가죽 산업 일반에 반대하지만 그중에서도 특히 인도의 가죽 제품을 취급하지 말 것을 소매업자들에게 당부하는 이유가 여기 있다.

털을 빼앗긴 양들

양모는 우리가 몸에 걸치는 동물성 제품 중에서 가장 문제가 없는 것처럼 보이기 쉽다. 동물을 죽이지 않고 남는 털만 잘라 낸다고 생각하기 때문이다. 하지만 모피와 가죽 제품을 비판하는 많은 동물권 활동가들은 양모 제품에 대해서도 부정적인 입장이다. 양모를 깎기 위해 양을 죽이지는 않더라도 양의 이익을 무시하는 행위이라고 보기 때문이다.

다른 가축들과 다르게 대부분의 양은 공장형 사육 시설에서 자라지 않는다. 값비싼 양모를 생산하는 양을 제외하고는 대부분 들판에서 지낸다. 영국, 남아프리카공화국, 호주, 뉴질랜드 등지에서는 자유롭게 풀을 뜯는 양을 쉽게 볼 수 있다. 양들은 대체로 털 깎기 작업 전까지는 자유롭게 방사되어 있다. 공장형 사육 시설에서 집약적으로 사육되는 것보다는 훨씬 인도적이지만 매년 많은 양들이 체온 저하와 관리 부실로 죽는다. 세계 최대의 양모 수출국인 호주에서는 해마다 새끼 양의 20퍼센트에서 40퍼센트 정도가, 어른 양의 경우 약 8백만 마리가 이렇게 죽는다.[22]

털 깎기는 공장 조립라인에서 이뤄지는 직업과 비슷한 방식으로 진행되기 때문에 양에게는 무섭고 고통스러운 과정일 수밖에 없다. 대형 집게로 양의 머리를 고정시킨 후 머리끝에서 발끝까지 빠르게 털을 벗겨 낸다. 대부분 이런 방식으로 털을 얻는다. 이 과정에서 젖꼭지나 생식기가 칼날에 걸릴 경우 양은 심각한 부상을 입게 된다. 털깎기 작업은 양의 생리적 시스템에 심각한 충격을 안기기도 한다. 양의 몸은 털로 뒤덮인 조건에 이미 최적화되어 있기 때문에 양털을 모두 깎아낼 경우 겨울철에는 체온 저하로 죽을 수 있고, 여름철에는 화상에 시달리게 된다.[23]

호주의 동물권 활동가들은 특히 메리노 양모 생산에 반대한다. 메리노양은 피부에 주름이 있기 때문에 더 많은 양털을 생산할 수 있다. 하지만 호주 토착종이 아니라서 여름철 더위에 잘 적응하지 못한다. 따뜻할 때는 쉬파리가 메리노 양의 피부 주름 사이에 알을 낳는데, 특히 배설물이 끼어 있는 생식기 주위를 좋아한다. 알이 부화하면서 구더기가 양을 파먹어 양을 죽게 할 수도 있다. 이 문제를 해결하기 위해서는 좀 더 적당한 품종으로 전환하거나, 양을 청결하게 유지하고, 파리가 꼬이는 계절에는 양을 면밀하게 주시하며, 구충제를 먹여 설사를 예방하거나 파리 퇴치 장치를 놓는 등의 방법을 고려할 수 있다.

잔혹함과 비효율성

하지만 쉬파리의 공격을 예방하기 위해 가장 흔히 사용되는 방법은 '뮬징mulesing'이다. 뮬징이란 양의 꼬리와 생식기 주위에 있는 피부를 모두 잘라내 부드럽게 만들어 쉬파리 유충의 공격을 덜 받도록 하는 것이다. 뮬징은 마취제 없이 이루어지며 상처 부위는 종종 감염될 수 있다. 이 상처가 곪아 터지면 다시 쉬파리가 꼬이기 때문에 결과적으로 뮬징은 잔인하면서도 매우 비효율적인 방법이다.[24] 양 수천 마리를 쉬파리 공격에서 보호하려면 추가

인력이 필요하지만 양 사육업자들은 그럴 생각이 없다.[25]

또한 양은 다른 사육 동물들과 똑같은 고통에 시달린다. 마취제도 없는 상태에서 거세당하고 꼬리와 귀를 절단당하며 이빨이 갈려 나가는 고통을 받는다. 젖소와 마찬가지로 양모 산업의 양들은 생산성이 떨어지면 바로 도살된다. 〈호주법개혁협회Australian Law Reform Society〉에 따르면 호주의 양들은 매년 5천만 가지 절차를 거치는데 애완동물에게 적용했다면 잔혹하다고 간주할 그런 절차다.[26]

호주의 양들은 생산하는 양모의 품질이 떨어지기 시작하면 수출된다. 호주 내에는 양고기 시장이 그렇게 크지 않기 때문이다. 매년 7백만 마리의 양이 호주에서 중동으로 실려 나간다. 중동에서는 종교의식을 위해 양을 도살하기 때문이다. 여기서 양은 의식이 있는 상태에서 피를 흘리다 죽게 된다. 수송선은 갑판이 14개에 이를 정도로 거대해 한 번에 양 12만 5천 마리를 수송할 수 있다. 호주의 양들은 중동으로 수출되는 과정에서 밀집된 환경과 불량한 위생·냉방 시스템 때문에 무려 18퍼센트나 죽어 나간다.[27] 바다에서 재난이 발생할 경우 한 번에 수만 마리가 죽을 수도 있다. 2002년에는 수송 과정에서 더위 때문에 1만 4천5백 마리가 죽기도 했다.[28]

동물 운동가들은 대중들에게 상업적인 목적에서 모피 동물을 덫으로 잡거나 사육하는 것이 잔인한 행위임을 알리는 데 상당히 성공했다. 지나친 고통을 유발한다는 이유로 족쇄 덫의 이용을 금지한 나라가 총 88개국에 이른다.[29] 1995년에는 유럽연합이 덫을 놓아 잡은 모피의 수입을 금지하는가 하면 1997년에는 러시아와 캐나다가 덫을 금지시키는 데 합의했다.[30] 하지만 미국에서는 아직도 덫이 규제 대상이 아니다. 활동가들의 캠페인 덕분에 영국, 오스트리아, 네덜란드에서는 모피 동물 사육을 모두 금지시켰다. 모피 동물 대다수가 유럽에서 사육된다는 점에서 이 같은 결정은 중요한 선례가 될 것이다. 1990년대 이후로 모피의 판매는 늘어났지만, 과거와 같은 영화를 누리지는 못하고 있다. 겨울용 외투 끄트머리에는 아직도 합성 모피가 이용되고 있다.

눈앞의 과제

동물권 운동은 가죽과 양모 문제를 제기하는 데는 상대적으로 실패했다. 많은 이들이 가죽과 양모를 필수 상품이자, 모피 의류의 논리적인 대체품이라고 생각한다. 하지만 이제 더 이상 가죽과 양모를 고집할 필요가 없다. 눈이나 손으로 느꼈을 때 자연스럽고 통기성이 있는 여러 가지 다양한 대체재들이 있기 때문이다. 이미 많은 채식주의자들이 가죽과 모피 생산 방식을 문제 삼으며 그런 제품을 쓰지 않고 있다.

전 세계에는 동물성 재료가 들어가지 않은 신발과 재킷, 벨트와 스웨터, 핸드백을 판매하는 수백 개의 소매업체들이 있다. 〈도요타〉와 〈메르세데스〉마저 내장재를 인조가죽으로 꾸민 자동차를 생산하기 시작했다. 동물권 단체의 활동 덕분에 많은 주류 소매업자들이 인도의 가죽 제품을 거부하고 있다. 〈갭〉, 〈나이키〉, 〈구찌〉등 약 40개 회사가 이 보이콧에 동참했다.[31] 하지만 〈월마트〉, 〈케이마트〉 같은 대규모 할인 체인점들은 인도의 가죽 제품이 가장 저렴하다는 이유로 꾸준히 구입하고 있다.[32] 마찬가지로 〈뉴룩〉, 〈제이크루〉 같은 일부 소매업자들은 뮬징을 하는 생산업체의 양모를 더 이상 구입하지 않고 있다. PETA는 생산업체들이 뮬징을 중단하고 더 이상 살아 있는 동물을 해외로 수출하지 않는 날까지 호주산 양모를 보이콧하자고 소비자들에게 촉구하고 있다.

7

동물이 다치면
인간도 아프다

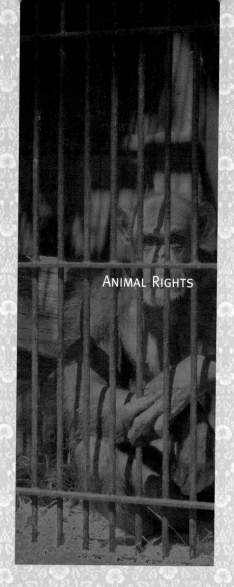

ANIMAL RIGHTS

동물을 착취해 진짜 이득을 취하는 사람들은 누구
인가?
동물성 제품은 노동자와 소비자에게 어떤 해악을
미치는가?
동물의 권리를 인간의 권리와 어떻게 연관지을 수
있을까?

07

동물이 다치면 인간도 아프다

거대 기업은 동물을 착취하고 동물 제품에 대한 전 세계적 소비를 촉진시키며 엄청난 이익을 챙기고 있다. 이러한 동물 경제는 [동물뿐 아니라] 공장형 사육 시설 노동자나 고기를 먹는 사람 등, 사람들에게도 해를 끼친다.

"채식만큼 건강을 증진시키고 지구상에 존재하는 모든 생명체들의 생존 가능성을 높이는 일도 없을 것이다."

— 앨버트 아인슈타인(1879~1955, 물리학자)

6장에서 우리는 기업 조직이 확대되고 세계화가 전개되면서 어떻게 동물의 고통이 늘어나게 되었는지 살펴보았다. 하지만 이같은 경제 과정은 사람에게도 피해를 준다. 사실 기업의 확대와 세계화 때문에 인간이든 비인간이든, 대다수의 이해관계는 변덕스런 시장의 상태에 종속되었고, 한줌밖에 안 되는 힘센 기업들의 이익에 휘둘리고 있다. 소위 '시장의 힘'은 동물에 대한 극심한 학대를 통해 이윤을 극대화하고 있으며 동시에 인간의 착취를 정당화한다. 대다수의 기업들은 인간이든 동물이든, 모두 살아 있는 생명이 아니라 경제 단위로 바라본다. 인간이나 동물의 생명이 고유한 가치를 가지고 있다고 생각하는 기업은 많지 않다. 그 가치는 상품을 생산하거나 이윤을 끌어내는 능력에 따라 결정된다. 하지만 정작 동물은 경제적 이익을 통해 그 어떤 것도 얻을 수 없다. 전 세계에서 가장 취약한 계층 또한 마찬가지다. 세계화된 자유 시장 자본주의는 생명보다 이윤을 중시한다. 동물권 문제를 강조할 경우 중요한 인권 문제가 가려진다고 걱정하는 이들도 있지만, 동물과 인간의 경제적 착취는 같은 뿌리에서 비롯됐다. '최저선'에 대한 자유 시장의 집착이 인간의 생명은 물론 지구상 모든 생명체에 대한 평가절하로 이어졌다는 점에서, 기업에 대한 저항은 동물뿐만 아니라 인간에게도 유익한 것이다.

거대 식품 산업의 폐해

육류, 유제품, 달걀 산업은 고의적이고 직접적으로 동물의 고통을 야기하는 책임이 있다. 5장에서 언급했듯 매년 인간의 소비를 위해 죽어 가는 동물의 수는 1백억 마리가 넘는다. 그렇다면 이런 산업들이 인간에게는 어떤 영향을 미칠까? 동물을 사육해 인간에게 먹을거리를 제공해 준다는 점에서 이 산업들은 필수 서비스라고 볼 수도 있다. 하지만 일부 농업 활동은 인간에게 직간접적으로 엄청난 고통을 야기하기도 한다.

먼저 실제로 식용 동물을 키우고 도살하는 이들은 노동자 중에서도 가장 낮은 계급에 속한다. 농사는 늘 고된 일이지만, 특히 오늘날 같은 산업적인 방식을 채택한 농업 시스템 속에는 직업상의 심각한 위험이 도사리고 있다. 공장형 사육 시설에 고용된 이들은 자기 일에 특별한 이해관계가 있기보다는 최저임금을 받으면서 농장에서 멀리 떨어진 곳에 위치한 기업이 소유권을 가지고 있는 동물을 관리한다. 게다가 많은 동물을, 대개 실내의 좁은 공간에서 관리하기 때문에 유해한 화학물질에 노출된다. 가령 비육장에서는 소의 배설물에 꼬이는 곤충을 제거하기 위해 주기적으로 살충제를 뿌리다 보니 노동자들도 살충제에 노출될 수밖에 없다. 양돈장과 양계장 노동자들은 가축 분뇨에서 발생하는 위험 수위의 암모니아에 노출된다. 호주 멜버른 대학교 연구에 따르면 양계장 노동자의 70퍼센트가 만성적인 안질에 시달리고 있으며, 30퍼센트는 기침을 달고 살고, 15퍼센트는 천식과 만성 기관지염 환자였다.[1] 공장형 농장 노동자들은 병에 걸려 죽어 가거나 이미 죽은 동물뿐만 아니라 위험한 박테리아를 보유하고 있는 엄청난 양의 분뇨 역시 처리해야 한다.

도살장의 상황은 훨씬 열악하다. 노동자들은 아주 빠른 속도로 동물을 해체해야 하기 때문에 부상당할 확률이 심각하게 높다. 미국의 경우 육류 가공업에 종사하는 노동자들의 부상률은 미국 평균보다 세 배나 높다.[2] 육류 가공 회사들은 노동비를 절감하기 위해 이주 노동자 같은 가장 취약한 집단을 고용하는 경우가 많다. 도살장 노동자들은 대개 빈곤하고 문맹인 데다 강제 출국을 두려워한다. 관리자들은 이들의 약점을 이용해 노동자들이 부상을 당하더라도 그 사실을 밖에 알리거나 보상을 받지 못하게 한다.[3] 〈휴먼라이츠워치〉는 북미의 도살장들이 "체계적으로 인권을 침해한다"고 밝히기도 했다.[4] 하지만 업계에서는 안전 수준과 노동조건을 지키려는 노력을 거의 기울이지 않고 있다.

가축 생산을 장악하고 있는 기업들은 막강한 권력을 가진 경제 집단이다. 이들은 침체된 농촌 지역에서 많은 일자리를 손에 쥐고 있기 때문에, 지방정부와 중앙정부에 막대한 권력을 행사할 수 있다. 따라서 식생활에 대한 정부의 권고 사항에 영향을 미칠 수도 있다.

●〈휴먼라이츠워치human Rights Watch〉―뉴욕에 근거지를 두고 활동하는 국제 비정부기구로, 인권과 관련된 연구 조사 활동과 시위를 병행한다. 해마다 국제 인권 보고서를 펴내는데 고문이나 무기 밀거래에서부터 여성과 동성애자 등 소수자의 권리에 이르기까지 다양한 분야를 다룬다. 옮긴이

일례로 정부의 후원금으로 만들어진 『캐나다의 건강한 식습관 안내서Canada's Food Guide to Healthy Eating』를 들 수 있다. 대중용으로 만들어진 이 안내서는 영양 문제를 다루는 책이니만큼 의사나 영양학자들이 편집하는 것이 사리에 맞겠지만, 실제로 이 작업을 진행한 것은 식품 산업과 농산업계의 대표들이었다.[5] 고기와 달걀, 유제품의 중요성을 강조한 이 책자는 잘 조직된 로비 활동의 결과였다. 책자는 가축 생산업자들의 중요한 마케팅 전략을 그대로 보여 주고 있기도 하다. 북미인들은 균형 잡힌 식사에는 다량의 동물성 단백질이 필수라고 배운다. 실제로 북미인들은 동물성 단백질 섭취에 지나칠 정도로 집착하고 있는데, 단적으로 미국 빈민 가운데는 [영양 균형을 맞춘답시고] 식사에 애완동물 사료를 곁들이는 사람만 1백만 명에 이를 정도다.[6]

하지만 갈수록 많은 의사와 영양학자들은 사람들이 동물성 지방과 동물성 단백질을 너무 많이 섭취하고 있다고 우려한다. 동물성 식품의 과다 섭취와 암, 심장병, 뇌졸중, 당뇨, 비만 같은 질병 사이에 점점 더 많은 연관 관계가 밝혀지고 있기 때문이다. 늘 고기를 달고 사는 사람들은 채식주의자들에 비해 심장병으로 죽을 확률이 50퍼센트 더 높고, 혈압이 세 배 더 높으며,[7] 콜레스테롤 수치는 20퍼센트 더 높다.[8] 동물성 식품을 상대적으로 적게 먹는 나라에서는 이 같은 질병이 훨씬 적게 발생한다는 연구 결과도 있다. 게다가 일본처럼 식습관이 갈수록 서구화되고 있는 나라에서는 암, 심장병, 당뇨의 비중이 치솟고 있다.[9]

하지만 정부의 비호를 받는 육류, 양계, 낙농업계는 건강을 유지하기 위해서는 매일 동물성 단백질을 먹어야 한다는 주장을 포기하지 않고 있다.

특히 여성들은 골다공증을 예방하려면 다량의 유제품(하루 3~4인분)을 섭취해 칼슘을 보충해야 한다는 주장마저 있다. 우유에는 인간의 젖보다 세 배 더 많은 단백질이 들어 있다. 하지만 유제품에 다량 함유되어 있는 단백질은 오히려 칼슘의 흡수를 방해[ ]하기 때문에 유제품을 많이 소비하는 나라일수록 골다공증 발생률이 높다. 예를 들어 유제품을 거의 먹지 않는 중국의 경우 골다공증은 희귀 질병에 가깝다.[10] 칼슘을 보충하는 데는 유제품보다 콩, 견과류, 녹색 채소를 많이 섭취하는 것이 훨씬 효율적이다.

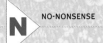

육식 마니아

동물성 단백질을 많이 섭취할 경우 건강에 해롭다는 증거가 갈수록 늘고 있다. 의학계의 연구에 따르면 육류 과다 섭취와 대장암 사이에는 상당한 연관 관계가 있다.

식습관에 따른 암 발생률
국가별 육류 소비와 대장암 간 상관관계

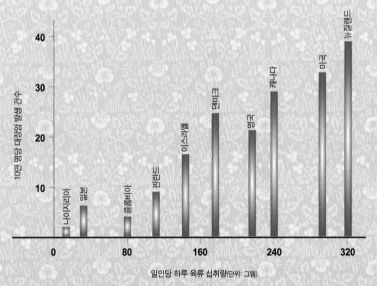

▶출처—National Cancer Institute, http://epo.grants.cancer.gov/ResPort/diet.html

감염된 소, 감염된 고기

산업적인 방식으로 생산된 육류는 특히 인체에 해롭다. 공장형으로 사육된 고기에서 가장 흔하게 검출되는 박테리아는 대장균과 살모넬라다. 대장균은 소의 위에서 발생한다. 밀집된 비육장에서 사육될 경우 소들은 질척이는 분뇨와 함께 뒹굴게 되고, 먹이와 물도 역시 배설물에 오염된다. 만일 이 분뇨 속에 대장균이 들어 있을 경우 소는 대장균을 보유하게 된다. 여름철에는 보통 비육장 소 가운데 50퍼센트가 대장균을 보유한다. 도살장에서는

■ 깊이 읽기

우유가 칼슘 흡수를 방해한다고?

우유는 성인 골다공증 말고도 유아나 성장기 아이들의 철분 결핍성 빈혈과도 관련이 있다. 우유에는 리터당 1,200밀리그램의 칼슘이 들어 있는 반면, 모유에는 리터당 겨우 300밀리그램만 들어 있어 겉보기에는 우유를 섭취하는 게 더 많은 칼슘을 흡수하는 방법인 것 같지만 결과적으로 모유를 먹는 아이들이 더 많은 칼슘을 체내로 흡수한다. 이는 우유에 들어 있는 '인' 성분 때문이다. 인은 칼슘과 결합해 칼슘의 체내 흡수를 방해하는 물질로 알려져 있다.
전문가들은 칼슘 대 인의 비율이 2:1 이상인 음식만이 우리 몸에 제대로 칼슘을 공급해 줄 수 있다고 말한다. 우유에 포함된 칼슘과 인의 비율은 2:1 에 조금 못 미친다. 옮긴이

▶참고─프랭크 오스키 지음, 이효순 옮김, 『오래 살고 싶으면 우유 절대로 마시지 마라』, 이지북, 2003.

작업이 워낙 빠른 속도로 이루어지다 보니 실수로 소의 창자를 절개하여 그 안에 들어 있던 배설물이 사체 위로 튀는 경우가 종종 발생한다. 소의 몸에 대장균이 있다면 사람들에게 공급되는 고기 속에 대장균이 침투하게 되는 셈이다. 대장균을 보유한 소 한 마리는 약 15톤에 달하는 저민 고기를 오염시킬 가능성이 있다.[11] 사람이 대장균에 감염되면 보통 혈변과 고열을 호소하지만 경우에 따라서는 죽음에 이를 수도 있다. 미국 한 곳에서만 대장균으로 인한 사망자가 수백 명에 달한다.

살모넬라는 식품을 통해 발생하는 질병 중 가장 흔하다. 공장형 사육 시설의 닭들은 비좁은 닭장에 갇혀 배설물에 뒤덮이고 사체에 둘러싸여 지내기 때문에 닭고기의 80퍼센트가량이 살모넬라에 오염되어 있다.[12] 달걀 역시 살모넬라에서 자유롭지 못하다. 게다가 닭의 분뇨와 부산물들은 다른 가축들의 사료로도 쓰이기 때문에 다른 동물들 역시 살모넬라에 감염될 수 있다. 미국에서는 매년 140만 건의 살모넬라 식중독이 발생하며 이중 약 5백여 명이 사망한다.[13] 영국은 31만 건, 캐나다는 16만 건, 호주는 10만 2천 건으로 추정되고 있으며, 중국에서는 무려 660만 건의 살모넬라 식중독이 발생한 것으로 전해진다.[14] 육류의 대다수는 비좁은 공장형 사육 시설에서 병약해진 동물들을 가지고 만들기 때문에 "날고기를 다룰 때는 마치 하수의 오물을 다루듯 주의 깊게 다뤄야 한다"고 말하는 이들도 있다.[15]

목숨 걸고 먹어라

지난 2007년 14살 미국인 소녀 카일라 보너는 복통을 호소하다 이틀 뒤 병원에 입원했다. 하지만 어떤 항생제로도 병세를 완화시킬 수 없었고 결국 11일 만에 뇌사 상태에 빠졌다. 사인은 치사율 높은 O-157균과 같은 대장균 종류인 O-111 감염으로 밝혀졌다.

같은 시기 다른 지역에서도 O-157의 변종 대장균에 의한 감염이 이어지기 시작했고 급기야 2010년에는 변종 대장균에 의한 감염이 0-157균 감염 건수를 넘어서기 시작했다.

이에 따라 미 농무부는 쇠고기에 대해 O-157균을 비롯, 변종 대장균 5종류의 검사를 의무화하는 조치를 추진해 왔으나 4년 넘게 시행하지 못하고 있다. 육류업계가 소송도 불사하겠다며 반대해 왔기 때문이다.

미 육류업계는 "변종 대장균들이 쇠고기와 관련돼 있다는 증거가 없다"며 "정부가 검사를 의무화하기 전에 연구를 더 진행해야 한다"고 주장했다. 육류업계가 이처럼 반대하는 이유는 검사를 추가할 경우 결과가 나올 때까지 쇠고기 출하가 지연돼 그만큼 유통기간이 줄어들기 때문이다.

미 육류 단체들은 그동안 미 농무부 등을 상대로 여러 건의 소송을 벌여 온 이력이 있다. 1970년대에는 닭고기 포장에 살모넬라균 주의 표시를 붙이려던 정부를 상대로 "살모넬라균은 자연 상태에서도 발견될 수 있으며 제대로 요리하면 균에 감염되지 않는다"며 소송을 내 승리하기도 했다.

지난 2000년에는 살모넬라균 검사에 여러 번 불합격한 텍사스 주 쇠고기 생산업체를 폐쇄하려는 정부에 소송을 제기해 역시 승리했다.

이에 따라 미 농무부는 변종 대장균 6종에 대한 검사 의무화를 앞두고 육류업계로부터 소송당할 가능성을 오랫동안 검토해 왔다. 검토 결과 소송이 들어오더라도 정부가 승소할 가능성이 높다는 판단에 따라 올 3월부터 검사 의무화를 실시하기로 했다.

하지만 육류 단체나 유통업계의 반대로 이 같은 조치가 다시 6월로 미뤄졌다고 『워싱턴포스트』는 전했다.

▶출처-"대장균 검사도 반대하는 미 육류업계", CBS, 2012년 5월 14일
　　　http://www.nocutnews.co.kr/Show.asp?IDX=2141786

고름 우유

공장식 유제품들 역시 오염에서 자유
롭지 못하다. 공장에서 사육되는 젖소의
30퍼센트에서 60퍼센트는 유선염에 감염
된 상태다. 유선염을 일으키는 박테리아
는 150가지에 이르는 것으로 알려져 있
다.[16] 유선염에 걸리면 분비물이 많아질
뿐 아니라 젖이 고통스러울 정도로 부풀
어 오른다. 상업적으로 생산된 거의 모든
우유에는 유선염에 감염된 소의 고름과
피가 들어 있다. 낙농업계에서는 우유 1

● **유선염** — 유방에 생기는 염
증성 질환을 말한다. 젖소의
유선염을 방지하기 위해 젖꼭
지로 항생제를 주사하는 경우
도 있다. 옮긴이

● **크론병** Crohn's disease — 입
에서 항문까지 소화관 전체에
걸쳐 어느 부위에서든 염증이
발생할 수 있는 만성 염증성
장 질환을 말한다. 옮긴이

리터당 2억 개의 고름 세포를 허용하고 있다.[17] 유선염에 걸린 소
의 고름에는 대장균이나 **크론병**을 유발하는 부결핵증균처럼 질병
을 유발하는 박테리아가 들어 있다.[18] 공장식 사육을 하는 젖소의
경우 유선염 발병율을 낮추기 위해 항생제 처방을 하는데, 이 항
생제는 우유까지 침투하기 때문에 이를 먹는 인간에게 항생제 내
성이 생길 수 있다. 고기 속에 남아 있는 항생제도 동일한 영향을
미친다.[19] 유기농 우유을 생산하는 농민들은 항생제를 사용할 수
없기 때문에 소가 유선염에 걸리지 않도록 각별히 신경 써야 한
다. 유기농으로 사육되는 소들은 청결한 잠자리와 넓은 공간, 양
질의 사료를 제공받기 때문에 유선염 같은 질병에 감염될 가능성
이 적은 편이다.

성장호르몬과 먹이사슬

우유 생산량을 늘리기 위해 소에게 성장호르몬을 주사하면서 소의 유선염 발병률도 급격히 증가했다. '유전자 재조합 소 성장 호르몬(rBGH)'을 맞은 소들은 유선염에 감염될 확률이 79퍼센트에 이르고, 우유에 들어가는 고름과 피의 양도 19퍼센트나 더 높다. 이 때문에 성장호르몬을 맞는 소에게는 유선염을 없애기 위해 더 많은 항생제를 투약할 수밖에 없고, 그 결과 우유 안에는 더 많은 항생제가 잔류하게 된다. 〈몬산토〉라는 미국 기업에서 제조한 유전자 재조합 소 성장호르몬은 인간에게 암을 일으킬 수도 있다.[20] 다행히도 유럽연합, 캐나다, 호주, 뉴질랜드, 일본은 소 성장호르몬의 사용을 금지시켰다. 하지만 미국에서는 이 호르몬이 널리 사용되고 있다.

과학자들은 생물 축적bio-accumulation 현상에 갈수록 많은 우려를 표하고 있다. 생물 축적이란 지방 조직에 저장된 독성 물질이 먹이사슬 위로 올라갈수록 농축되는 현상을 말한다. 인간은 먹이사슬의 꼭대기에 있기 때문에 음식을 통해 고농축 화학물질에 노출될 수 있다는 것이 과학자들의 우려다. 생물 축적에 대한 연구는 주로 오염에 노출된 물고기를 통해 이루어졌다. 먹이사슬 밑바닥에서 식물이나 조류를 먹는 작은 물고기에게서는 독성 물질이 가장 적게 검출되지만, 다른 물고기를 잡아먹는 물고기의 경우에는 먹이사슬의 위치에 따라 독성 물질이 많이 검출된다. 그러니 인간이나 다른 동물들이 넙치, 참치, 연어처럼 수중 먹이사

슬의 꼭대기에 있는 대형 물고기를 먹을 경우 가장 높은 수준의
화학물질에 노출되고 만다.

　가축에게서도 동일한 현상이 나타날 수 있다. 양식 생선을 포
함한 식용 동물들을 빨리 살찌우기 위해 먹이는 고단백 사료 대
부분은 다른 동물의 사체로 만들어진다. 사료용 동물들은 살충제
가 다량 함유된 곡물을 사료로 섭취했거나 오염된 바다에서 잡혀
온 것들이기 때문에 이미 몸은 독성 물질로 범벅이 된 상태다. 그
런데 가축들이 이런 동물성 단백질이나 살충 처리를 한 곡물을
섭취할 경우 독성 물질이 지방 조직에 농
축된다. 그리고 이 가축들을 먹는 인간의
몸에는 훨씬 더 많은 독성 물질들이 쌓이
게 되는 것이다.

● 〈시에라클럽Sierra Club〉―
1892년 금광 개발로 미 서부
일대가 황폐화되는 걸 우려해
세워진 민간 환경운동 단체로
1972년부터 국제적 환경 조
직으로 성장했다. 가장 오래
된 환경운동 단체 중 하나다.
옮긴이

　미국에 본부를 두고 있는 〈시에라클럽〉
을 비롯한 많은 환경 조직들은 고농축 화
학물질을 피하기 위해서는 먹거리를 먹
이사슬 아래쪽에서 찾고 동물성 단백질
을 적게 섭취해야 한다고 주장한다.[21] 대대적인 살충제 이용을 부
추기고 초식 동물에게 동물성 단백질을 먹이는 기존의 농업 관행
은 오염의 위험을 더욱 키우고 있다.

육식과 빈곤

　사회정의 및 환경 정의 활동가들 역시 육류 생산 방식에 문제

를 제기한다. 무엇보다 큰 문제는 육류 산업이 식량 품귀 현상에 기여하고 있다는 점이다. 많은 개도국들이 자급용 작물을 재배하는 대신 서구에 수출할 동물을 집약적으로 사육하거나 아니면 서구의 가축들에게 먹일 곡물을 재배하고 있다. 작가인 마크 골드 Mark Gold는 『뉴 인터내셔널리스트』에 "그 누구보다 음식이 절실하게 필요한 이들이 자신의 땅에서 흘린 땀으로 (…) 이미 먹을거리가 넘쳐나는 이들의 습관성 육식을 유지시켜 준다"고 적고 있다.[22] 서구에서 재배되는 곡물도 대부분 가축의 사료로 쓰인다. 미국에서 소의 사료로 쓰이는 곡물과 콩만으로 10억 명 이상을 먹여 살릴 수 있고, 북미인들이 육류 소비를 10퍼센트 줄여 그렇게 절약한 곡물을 빈민들에게 나눠 주기만 해도 세계의 기아는 상당 부분 해소될 수 있다.[23]

또 다른 문제는 지구상의 자연 생태계와 자원이 가축 사육 때문에 파괴되고 있다는 점이다. 방목은 삼림을 파괴하고 종 다양성을 무너뜨리는 주범이다. 패스트푸드점에서 파는 0.1킬로그램짜리 햄버거 하나를 만드는 데 5.1제곱미터의 토지가 필요하다. 0.1킬로그램짜리 햄버거 한 개당 5백 킬로그램의 야생동식물과 묘목들이 죽어나간다는 뜻이다.[24] 브라질의 아마존이 파괴되는 가장 큰 이유 중 하나는 패스트푸드용 소고기를 생산하기 때문이다.

육류는 식물성 단백질보다 생산 과정에서 훨씬 더 많은 화석연료와 물을 필요로 한다. 예컨대 햄버거 패티 하나를 만드는 데는 32킬로미터를 운전하는 데 필요한 화석연료가 들어간다. 마찬가지로 0.45킬로그램의 밀을 생산하는 데는 물 95리터면 충분하지만, 같은 무게의 소고기를 생산하는 데는 9,464리터가 들어간다.[25] 많은 환경주의자들은 육류 산업이 소중한 자원을 낭비하고 있다고 생각한다.

환경이 파괴된다

목축업은 또한 엄청난 수질오염을 일으킨다. 공장형 사육 시설에서는 매일 5억 톤의 분뇨가 방출된다. 이는 미국인 전체가 배출하는 분뇨보다 130배 더 많은 양이다.[26] 대부분의 동물 분뇨는 인간이 만들어 내는 폐기물보다 20배에서 40배까지 더 독하다. 다시 말해서 하천이나 바다에 유입될 경우 환경에 훨씬 더 해로울 수 있다. 미국의 수질오염 중 약 60퍼센트는 농업 폐기물 때문에 발생한다. (농업 폐기물에는 농업용 화학물질에서 유출된 물질도 포함된다.)[27] 수십억 마리의 식용 동물이 만들어 내는 메탄가스는 지구온난화에 크게 기여하고 있다. [이산화탄소에 이어] 두 번째로 위력적인 온실가스인 메탄의 27퍼센트는 가축 때문에 발생한다.[28] 과학자 데이비드 스즈키David Suzuki에 따르면 육식 소비를 줄이면 지구온난화를 경감시키는 데도 크게 도움이 된다.[29]

동물을 사육하는 오늘날의 방식은 지속 불가능할 뿐만 아니라 인간에게도 해롭다. 공장형 사육 시설에서 동물을 다루는 방식에 분개하는 이들은 동물 운동가들만이 아니다. 사회운동가, 소비자 운동가, 환경 운동가들 역시 인간과 자연 자원을 착취하는 집약적인 사육 방식을 비판하고 있다.

썩지 않는 가죽

채식주의자를 비롯한 많은 이들이 합성 물질보다 환경에 이롭다는 믿음에서 가죽 제품을 이용한다. 일부 가죽 제조업체들 역시 가죽 제품은 생분해가 빠르게 일어난다고 주장하면서 자신들의 제품을 친환경 제품으로 소개한다. 만일 무두질하지 않은 가죽을 이용한다면 이는 맞는 말일 것이다. 하지만 우리가 이용하는 가죽 제품들은 사용하는 동안 생분해되지 않도록 주도면밀한 처리 과정을 거친다. 가죽 제품을 처리할 때는 포름알데히드, 콜타르 파생물, 독성이 강한 크롬을 사용한다. 제혁업은 고오염 산업으로, 여기서

•무두질(또는 제혁tanning)— 가죽을 원피 그대로 둘 경우 부패할 우려가 있기 때문에 보존성을 위해 손질하는 공정을 가리킨다. 대표적인 무두질 방법으로는 식물성 물질을 사용하는 베지터블 태닝과 금속 물질을 사용하는 크롬 태닝이 있는데, 대량생산에 적합한 크롬 태닝이 단연 더 많이 사용된다. 옮긴이

흘러나오는 폐수는 수질오염을 일으킬 수도 있다. 제혁 시설 인근의 지하수에서 납, 시안화염, 포름알데히드가 검출된 적도 있었다. 제혁업이 일으키는 오염은 암과도 관련 있다. 켄터키 주의 한 제혁 시설 인근에 살고 있는 주민들의 백혈병 발병률은 미국 전체 평균보다 다섯 배 더 높았다.[30]

고농도 화학물질에 장시간 노출되는 무두질 노동자들은 특히 폐암과 비강암에 걸리기 쉽다. 이탈리아와 스웨덴 무두질 노동자를 대상으로 한 연구에 따르면 무두질 노동자의 암 발병률은 전문가의 예상보다 20퍼센트에서 50퍼센트가량 더 높았다.[31] 제혁

과정에서 건강과 안전성 문제가 제기된 뒤로 대다수 공장은 노동기준과 환경기준이 낮게 설정되어 있는 개도국으로 이전하는 추세다. 남반구에서 운영되는 제혁 시설의 폐수는 이제 그곳의 물을 오염시키고 작물과 가축을 독성 물질에 중독시키며 지역 주민들을 병들게 하고 있다.

무두질뿐만 아니라 상품 제조 역시 개도국에서 이루어진다. 신발, 핸드백을 포함해 약 80퍼센트에 달하는 가죽 제품이 매우 열악한 환경에서 제조된다.[32] 이런 환경에서 일하는 노동자 대부분은 여성들로 이들은 일상적으로 착취를 당한다. 하지만 개도국 정부는 대개 투자를 유치하고 수출을 증대하기 위해 이러한 열악한 노동조건에 입을 다물고 있다.[33] 이런 작업장에서 땀 흘려 일하는 노동자들은 단기 계약에 끔찍한 노동조건을 참아 내며 장시간 노동에 시달린다. 이들은 시간당 고작 몇 페니의 급료를 받으며 병가나 출산 휴가도 없이 일한다. 의류 노동자들이 옷감의 보푸라기와 먼지 때문에 호흡기 질환에 걸린다면, 신발 노동자들은 신발을 처리하고 염색하며 접착할 때 쓰는 독성 화학 물질에 노출된다.

노동 착취 공장

신발을 만드는 노동 착취형 작업장은 아시아에 집중되어 있다. 아무래도 아시아가 전 세계 가죽의 상당량을 공급하고 있기 때문일 것이다. 대부분의 신발은 중국에서 생산되는데 노동 기준도 거의 없다시피 한 데다가 노동자의 인권마저 등한시하고 있다. 중국의 신발 노동자들은 12시간 교대 근무를 해야 하고 한 달에 이틀에서 사흘밖에 쉬지 못한다. 이들의 월급은 고작 30달러 밖에 되지 않으며 그 밖에 수당은 전혀 없다. 신발 제조 공정 가운데 가장 위험한 작업은 벤젠이 함유된 접착제에 노출되는 것이다. 벤젠은 백혈병과 빈혈을 유발할 수 있기 때문에 유럽과 미국에서는 이미 사용이 금지된 물질이다. 하지만 보건법이나 환경법이 엄격하지 않은 나라에서는 아직도 벤젠을 사용하고 있다. 마스크, 장갑, 고글 같은 기본적인 안전 장비와 배기 시설이 제대로 갖춰져 있는 신발 공장은 드물다. 따라서 노동자들은 두통, 어지럼증, 가려움증 같은 문제에 시달리곤 한다. 유독가스 흡입으로 사망한 신발 노동자들의 사례도 여러 차례 보고된 바 있다. 〈나이키〉, 〈리복〉, 〈아디다스〉 같은 회사의 하청을 받는 중국의 신발 공장에서는 아동 노동이 일반적이며, 중국 정부는 모든 공장의 노조 활동을 적극적으로 탄압한다.[34]

우리가 매일 착용하는 구두, 운동화, 가방, 허리띠에는 동물뿐만 아니라 무두 노동자와 제조 노동자들의 피와 땀이 서려 있다. 서구 시장을 겨냥해서 제조되는 이런 제품들은 동물 복지는 말할 것도 없고 서구의 기준에서 보았을 때 노동법과 환경법을 완전히 위반하는 환경에서 만들어진다.

약물 부작용

동물실험은 인간에게 초래할 수 있는 부작용을 판별하는 데 있어서 부정확하기로 악명이 높다.[35] 하지만 동물실험이 과학적인 테스트 기법으로 위세를 떨치다 보니 엄청나게 많은 위험한 의약품과 제품들이 시장에 출시되고 있다. 1998년 『미국의학회지 *Journal of the American Medical Association*』의 보고에 따르면 미국에서 약물 부작용은 네 번째로 비중이 큰 사망 원인이다. 또한 입원환자의 약 15퍼센트가 약물 부작용 때문에 입원한 것으로 나타났다. 이 같은 부작용은 이미 동물실험을 거쳐서 인간에게 큰 위해가 되지 않을 것으로 인정받은 약물에서 나타난 것이었다.[36]

19세기 후반, 이미 과학자들은 동물실험의 결과가 인체의 반응과 다를 수 있다는 점을 깨닫기 시작했다. 그때부터 동물실험의 부정확성이 수차례 입증되었다. 수천 가지 의약품들이 인간에게 해롭다는 이유로 시장에서 철수되었다. 천식 치료제인 이수프렐 Isuprel은 동물을 상대로 광범위한 독성 테스트를 거쳤음에도 영국에서만 3천5백 명의 사망자를 낳았다. 프리마코Primacor라는 약은 심장의 순환 기능을 증진시키긴 했지만, 약물 섭취 이전보다 오히려 사망률이 30퍼센트나 늘어 역시 시장에서 철수했다.

〈다국적기업감시Multinational Monitor〉에서 발표한 2004년 '최악의 10대 기업' 목록에는 제약 회사 두 곳이 포함되어 있다. 인체에 해로운 약품을 제조했다는 것이 그 이유였다. 〈글락소스미스클라인〉이 생산한 항우울제인 팍실Paxil은 청소년 자살률을 증가

시키는 것으로 밝혀졌고, 〈머크〉에서 생산한 진통제 비옥스Vioxx
는 미국에서만 8만 8천 건에서 13만 9천 건의 심장 발작을 일으켰
으며 3만 5천 명에서 5만 5천 명에 이르는 사람들을 죽음으로 몰
고 갔다. 미 농무부의 데이비드 그래엄 박사는 비옥스의 판매는
"미국 역사상 단일 제품으로는 최악의 의약품 사고일 것"이라고
말하기도 했다.[37]

식품 첨가제, 살충제, 산업용 화학물질 등, 다른 제품도 같은 문
제를 안고 있다. 많은 동물들이 인간이 걸리는 암에는 큰 반응을
보이지 않는데도, 동물실험을 근거로 발암성 제품의 판매를 승인
하는 일이 종종 벌어지고 있다. 예컨대 석면의 경우에는 20세기 초
에 이미 인간에게 암을 유발할 수 있다는 사실을 알고 있었지만 동
물에게는 암을 일으키지 않았기 때문에
수십 년 동안 시장에서 판매돼 왔다.[38] 영
국에서는 1969년까지, 미국에서는 1971
년까지 석면 규제가 전혀 존재하지 않았
고, 1980년대에도 석면의 독성은 크게 주
목받지 못했다.

살충제인 DDT 역시 수년간 널리 사용
되다가 결국 시장에서 철수하게 된 위험
한 화학물질이다. 오늘날 과학자들은 수
년간 시장에서 거래돼 온 브롬화메틸 성
분을 함유한 방화재가 인체에 유해할 수
있으며 이미 모유에 상당히 농축되어 있

●**석면 규제**―한국에서도 석면
은 1급 발암 물질로, 광물질에
서 의도적으로 석면을 추출해
만든 '석면 제품'에 0.1퍼센트
이상 석면이 포함되는 것을 금
지하고 있다. 옮긴이

●**브롬화메틸**(또는 메틸브로마
이드methyl bromide)―주로 방
충용 훈증제에 쓰이는 무색
무취의 기체로, 사람이 흡입
할 경우 두통과 복통, 정신 착
란, 혼수와 호흡기 장애를 일
으켜 심할 경우 사망에 이를
수도 있다. 옮긴이

을지 모른다고 우려하고 있다.[39)]

역으로 인간에게 유익할 수 있는 제품들이 동물실험 때문에 시장에서 내처질 가능성도 생각해 볼 수 있다. 만일 알렉산더 플레밍 경이 동물실험을 판단의 근거로 삼았더라면 세계 최고의 항생제인 페니실린은 개발되지 못했을 것이다. 플레밍 경이 시험 삼아 페니실린을 주입한 기니피그들이 모두 죽었기 때문이다.[40)] 나중에 플레밍은 1940년대에 동물실험이 일반적이었더라면 모든 항생제는 결코 개발되지 못했을 것이라고 말하기도 했다.[41)] 마찬가지로 인슐린은 쥐와 생쥐에게는 기형을 유발하지만 인간에게는 매우 유용하다. 아스피린이나 모르핀, 심장약인 디기탈리스, 혈압약인 바라툼 알칼로이드 등, 많은 중요 의약품들도 환자 관찰과 시험관 테스트만으로 개발된 것이다.[42)]

건강보다 이윤

수년간 과학자들은 동물실험은 신뢰할 수 없다고 경고해 왔다. 일부 회사가 비로소 이들의 말에 귀를 기울이기 시작했다. 6장에서 언급했듯 여러 화장품 기업들이 동물실험을 중단했다. 영미계 기업인 〈애스터랜드〉는 약품을 테스트할 때 수술실에서 버려진

알렉산더 플레밍Alexander Fleming, 1881~1955
영국의 미생물학자로, 우연히 페니실리움속에 속하는 곰팡이가 여러 종류의 세균에 항균 작용을 한다는 사실을 발견했다. 플레밍은 그 물질에 페니실린이라는 이름을 붙이고 상용화에도 성공한다. 페니실린은 연쇄상구균, 뇌수막염균, 임질균 등 전염병의 원인이 되는 여러 병원균에 효과가 있었다. 플레밍은 1945년 노벨 생리 의학상을 수상했다. 옮긴이

인간의 조직만 사용한다.[43] 하지만 인간에게 해로운 결과를 낳을 수 있다는 사실에도, 의학 연구와 상품 테스트는 여전히 동물실험을 표준으로 삼는다. 아직까지 동물실험만큼 값싸고 손쉬운 연구 방법을 찾을 수 없기 때문이다. 실험실에는 동물실험용 시설과 기술이 매우 잘 갖춰져 있다. 반면 인체 연구와 시험관 테스트 같은 다른 기법들은 수년간 찬밥 신세를 면치 못하고 있으며, 제약 회사와 화학제품 회사들은 새로운 연구 기법에 투자하거나 관행을 바꿀 필요를 전혀 느끼지 못하고 있다. 일각에서는 테스트 기법이 정확할수록 판매 승인을 받을 수 있는 제품 수도 줄어들기 때문에 업계가 변화에 저항하는 것이라고 비판하기도 한다. 어쨌든 기업들은 시장에서 퇴출당하기 전까지는 위험한 제품들로 수백만 달러를 벌어들일 수 있다. 예를 들어 비옥스는 안전성이 기준에 못 미친다는 판정을 받기 전까지 20억 달러의 판매고를 기록했다.[44] 제약업은 세계에서 가장 수익성이 높은 산업이다. 어쩌면 인간의 건강보다 이윤을 우선시하기 때문인지도 모른다.

학대와 폭력의 악순환

동물을 학대하는 인간이나, 인간에게 폭력을 행사하는 인간이나 정신 상태는 비슷하다. 아리스토텔레스, 토마스 아퀴나스 같은 초기 철학자들은 동물에 대한 잔혹 행위를 절제해야 한다고 생각했다. 동물들에게 도덕적인 권리가 있어서라기보다는 동물에게 잔혹하게 대할 경우 인간 사회에도 잔혹함이 횡행할 수 있다는 생각에서였다. 이런 철학자들의 견해를 입증하는 연구들도 있다. 동물에게 폭력적인 사람들이 인간에게도 폭력적인 경향이 있다는 연구 결과가 그것이다. FBI에 따르면 연쇄 강간이나 살인 등을 저지른 많은 폭력 범죄자들에게는 동물을 학대한 이력이 있다고 한다.[45] 금세기 유명한 연쇄 살인범 대부분이 동물을 상대로 살인 '연습'을 했다.[46]

아이들, 그중에서도 특히 남자아이들이 동물을 괴롭히는 것은 '정상'이라고 생각하는 사람들도 있다. 하지만 1905년 프로이트는 임상의학자들에게 동물을 잔인하게 대하는 아이들에게 각별한 주의를 기울일 것을 당부한 바 있다.[47] 갈수록 많은 전문가들이 동물 학대와 폭력 간에 상관관계가 있음을 인정하고 있다. 콘월 대학교에서 진행한 한 연구에 따르면 "심리학자들 사이에서는 (…) 동물에게 잔혹하게 구는 것은 유아기에서 성인기까지 심리적 장애가 꾸준히 이어졌음을 보여 주는 가장 좋은 사례라는 합의"가 존재한다고 한다. 동물 학대는 심각한 정신적 장애의 징표다. 인류학자 마거릿 미드Margaret Mead는 "아이에게 일어날 수 있는 가장 위험한 일 중 하나는 동물을 죽이거나 괴롭히고도 아무런 처벌을 받지 않는 것"이라고 말했다.[48]

동물 학대와 가정 폭력 간에도 상관관계가 있는 것으로 나타났다. 매 맞는 여성과 아이들 중 많은 이들이 폭력의 첫 번째 대상은 집에서 키우던 애완동물이었다고 밝혔기 때문이다. 또한 폭력에 노출된 아이들은 자신들이 목격한 행위를 모방하여 애완동물을 해치기도 한다. 인간에 대한 폭력과 동물 학대 간의 관계가 워낙 밀접하다 보니 미국과 영국의 경찰들은 수사 과정에서 수의사나 동물 담당 공무원의 도움을 받는 경우도 있다.[49]

동물, 그 다음은 인간이다

어떤 폭력이든 위험한 악순환에 빠질 수 있다. 동물을 잘 보살 피고 생명 일반을 존중하라는 가르침 속에 자란 아이는 친절하고 배려심 있는 사람이 될 가능성이 높다. 많은 사람들, 그중에서도 특히 남성들은 동물이 고통을 당하는 모습을 접했을 때 감정이입을 하지 않도록 사회화되어 있다. 리처드 라이더의 주장에 따르면 일부 남성들은 이렇게 '남성성을 과시'함으로써 자신이 여성이나 아이들처럼 '약하지' 않음을 보여 준다.[50] 동물의 고통에 냉담한 태도가 그 사람의 '남성성'을 확인시켜 줄 수 있을지는 모르지만 여기에는 그만 한 대가가 따른다. 여러 연구는 한결같이 동물의 생명을 경시하는 태도가 인간의 생명에 대한 경시와 연결될수밖에 없음을 보여 주고 있다. 심리학자들은 "인간 사회에서 좀더 신사적이고 자애로운 관계가 발전할 경우 (…) 아이들과 동물사이에 좀 더 긍정적이고 애정 어린 윤리가 증진될 것"이라고 결론을 내리기도 했다.[51]

동물의 고통은 많은 경우 인간의 고통에 직접 연결된다. 육류업, 가죽 산업, 제약업 등, 동물을 착취하는 산업은 인간을 착취하는 일에도 거리낌이 없다. 이 같은 산업은 인간의 안녕을 노골적으로 짓밟아 왔다. 그리 놀랄 만한 일도 아니다. 여러 연구 결과가 동물에게 공감하지 못하는 사람은 인간에게도 공감하지 못한다는 사실을 보여 주고 있기 때문이다. 동물에 대한 고의적인 잔혹 행위는 정신병의 주요소인 '공감의 결여'를 진단하는 기초적인 지표다. 고의적으로 엄청나게 많은 동물들에게 잔혹한 행위를 하는 기업들이 인간의 복지를 신경 쓰지 않는 것은 당연한 일이다. 다큐멘터리 〈기업The Corporation〉의 공동 제작자인 마크 아흐바르Mark Achbar와 조엘 바칸은 기업을 가리켜 "타인의 감정을 냉담할 정도로 무시한다는 점에서 전형적인 사이코패스"라고 주장한다.[52] 안타깝게도 인간과 동물을 비롯한 살아 있는 생명을 짓밟는 이 같은 기업 윤리가 세계경제체제를 주도하고 있다.

8 세계의 동물권

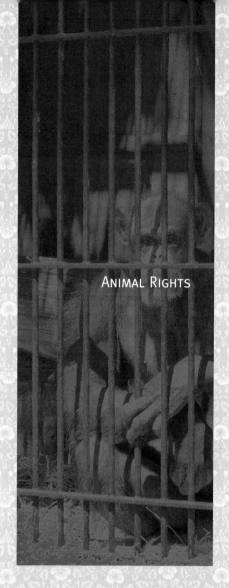

ANIMAL RIGHTS

소득 수준이 높을수록 동물 복지 수준도 높다는 게
사실일까?
각 지역별로 동물권을 보장하려는 운동은 어떻게
전개되고 있나?

세계의 동물권

일부 국가와 지방정부는 동물권을 법적으로 인정하고 중요한 보호 장치를 마련하는 등, 모범을 보이고 있다. 하지만 제자리걸음만 하고 있는 나라가 아직도 많다 .

"오늘날의 인류는 그 어느 때보다 자연은 고사하고 자신조차 제대로 다스리지 못하고 있다."

— 레이철 카슨Rachel Carson(1907~1964, 생물학자)

동물에 대한 법적 보호 장치가 가장 잘 되어 있는 곳은 유럽이다. 1997년 유럽연합은 포유류에게는 지각이 있기 때문에 포유류의 이용과 관련된 법률은 이 사실을 반영해야 한다고 인정했다.[1] 산업계 전반에서 일상적으로 동물을 활용하고 있는 상황에서 유럽연합은 동물들의 고통을 최소화하기 위해 사육 여건과 동물실험을 규제해 왔다. 또한 많은 유럽 국가에서 동물 복지 운동과 동물권 운동은 폭넓은 대중의 지지를 받고 있다. 비록 동물 이용 자체를 문제 삼지는 않지만 유럽 공동체는 동물의 고통을 줄이기 위해 의미 있는 조치를 취해 왔다.

유럽 이외의 산업국에서는 이만큼 훌륭한 동물 복지법을 찾기 힘들다. 오늘날 유럽연합에 속해 있는 동유럽과 남유럽 국가들은 유럽연합과 함께 자국 내 동물 복지 수준을 향상시키기 위해 노력하고 있다.

많은 구소련 국가들 역시 이제 막 최초의 동물 복지 법안을 마련하기 시작했다. 이들 국가에서는 동물 연구 활동이 그렇게 광범위하게 진행되지는 않고 있기 때문에 주로 반려 동물에 대한 처우와 사육 시설 및 오락 산업 문제에 주력하고 있다.

특히 유혈 스포츠와 유기 동물 살상이 아무렇지 않게 이루어지고 있는 남유럽에서는 동물에 대한 잔혹 행위가 큰 문제다.[2] 호주와 뉴질랜드에는 동물실험을 감시하고 애완동물을 보호하는 규정들이 상당히 훌륭하게 자리 잡았으며, 야생 토착종을 보존하는 법도 아주 강력하게 시행되고 있다. 하지만 같은 법이 주머니쥐처럼 번식성이 강한 포유류를 대량으로 살상하는 행위를 허용하고 있다는 점에서 논란을 일으키기도 한다. 게다가 호주와 뉴질랜드는 농업에 강한 이해를 가지고 있기 때문에 사육 시설에서 동물을 처우하는 방식을 규정한 법에서 가금류는 제외하고 있으며 살아 있는 동물의 해외 수송도 허용하고 있다.

북미

대체로 북미에는 유럽, 호주, 뉴질랜드만큼 강력한 동물 복지법이 없다. 미국은 다른 선진국과 비교했을 때 동물 복지 수준이 열악하기로 악명이 높다. 이제까지 미국은 가장 많은 수의 동물을 착취했다. 미국에서 매년 스포츠, 음식, 과학 실험 때문에 죽어 나가는 동물의 수는 수십억 마리에 이른다. 미국에서는 설치류, 파충류, 어류, 조류 등 많은 동물들이 동물 복지법의 적용을 받지 않으며, 그나마 법률이 적용되는 경우도 대부분은 규제가 약한 편이다.

대체로 사육 시설과 과학자 집단은 나름의 방식대로 스스로를 규제하고 있다고 말한다. 미국에는 유럽처럼 동물에게 가장 큰 고통을 주는 사육 시설과 과학 실험을 제재하는 법이 없기 때문이다. 개별 주 차원에서 동물 복지와 관련된 제도를 만들어 놓은 경우도 있긴 하지만, 국가 전체 차원에서는 서구 다른 국가들보다 훨씬 뒤쳐져 있는 형편이다. 프린스턴 대학의 윤리학자 피터 싱어는 동물권 운동이 많이 성장하긴 했지만, 산업계의 이익이 미국 정치 시스템 안에 깊숙이 자리하고 있기 때문에 이 같은 상황이 이어지고 있다고 진단한다.[3]

캐나다 역시 동물 복지 수준은 뒤쳐져 있다. 미국과 마찬가지로 과학계와 사육 시설은 정부 개입 없이 각자 알아서 규제한다.[4] 캐나다의 "동물복지법Animal Welfare Act"은 19세기 이후로 한 번도 개정되지 않았기 때문에 현대 산업사회의 많은 문제들을 제대로 다루지 못하고 있다.

일본

일본은 동물 복지 수준이 가장 열악한 나라에 속한다. 동물 복

동물실험의 시대

매년 1억 마리가 넘는 동물들이 주로 대학, 제약 회사, 상업적인 실험 시설에서
실험용으로 사용된 뒤 죽어 가고 있다.

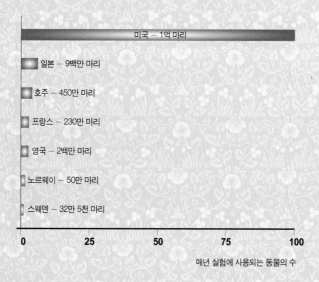

매년 실험에 사용되는 동물의 수

▶출처—European Biomedical Association, www.ebra.org/stats/; US Department of Agriculture (USDA);
"Animals in Scientific Procedures: Regulations in Japan", www.publications.parliament.uk; AESOP
Project, www.aesop-project.org; M Budkie, "Rising Tide of Animal Experimentation", www.all-
creatures.org; Professor Adrian Smith, "The Use of Research Animals in Norway",
http://oslovet.veths.no/info; www.humanecharities.org.au

지법이 존재하긴 하지만 사실상 아무런 기능도 하지 못하고 있다. 동물실험은 아무런 규제를 받지 않기 때문에 이미 많은 나라에서 금지된 끔찍한 실험들이 일본에서는 아직도 버젓이 시행되고 있다.[5] 일본 정부는 최근 들어 동물원, 서커스단, 애완동물 가게, 사육 시설의 여건을 규제하는 데 합의하긴 했지만 실질적인 노력은 거의 기울이지 않고 있다. 이 같은 시설에서 살아가는 동물들은 선진국 중 최악의 여건 속에서 하루하루를 버티고 있다.

일본에도 공장형 사육 시설이 널리 확산되어 있지만 사육 환경을 규제하는 법은 거의 없다고 보면 된다. 또한 일본은 멸종 위기종을 보호하기 위한 노력을 전혀 기울이지 않는다는 이유로 국제 사회의 빈축을 사기도 했다. 일본에서는 여전히 상아 무역*이 활발하며, 멸종 위기에 처한 고래를 사냥할 권리 또한 꾸준히 주장하고 있다.[6] 최근에는 고래 고기가 학교 급식에 다시 이용되기 시작했다.[7] 이는 포경에 대한 태도를 바꿀 의지가 없다는 것을 보여

■ 깊이 읽기

상아 무역

1989년 "멸종 위기에 처한 야생동식물의 국제무역에 관한 협약(CITES)"에 따라 상아는 수출입 금지 품목이 되었다. 그러다가 1997년 코끼리 개체수가 증가해 안정세에 접어들면서 자연사하거나 밀렵당한 코끼리의 경우에 한해 '승인된 국가들'에게 상아를 수출하는 것을 허용했는데, 일본이 최대 수혜국이 된다. 옮긴이

주는 사건이다.

이렇게 일본의 기준이 다른 선진국의 기준에 훨씬 못 미치다
보니 일본에서 활동하는 동물 복지 단체나 동물권 옹호 집단 1백
여 곳과 많은 국제조직들은 낡은 법률을 개정하기 위해 정부를
상대로 활발한 로비 활동을 벌이고 있다.

라틴아메리카

빈곤, 사회·정치적 불안과 갈등에 시달리다 보면 동물을 돌볼
자원이 적어지게 마련이다. 하지만 남반구의 많은 나라들은 어려
운 조건에서도 동물 보호법을 시행해 왔다. 브라질, 콜롬비아, 페
루, 멕시코, 아르헨티나 등, 라틴아메리카 국가들이 이런 예에 속
한다. 브라질은 라틴아메리카 국가 가운데 가장 정교한 동물 복
지법을 가진 나라다. 브라질의 법정에서는 동물의 이익을 대변하
는 소송이 일어난다. 투계와 투우는 불법이며, 해양 동물들은 포
획하여 가둬 두지 못한다. 또한 마취제를 사용하지 않는 동물실
험은 금지되어 있으며, 환경 보호법이 강력해서 야생동물을 학대
할 경우 처벌을 받는다.[8]

라틴아메리카에서는 길 잃은 애완동물을 인도적으로 관리하는
운동 또한 확산되어 있다. 브라질, 아르헨티나, 우루과이, 코스타
리카에서는 유기견이나 유기 고양이의 살상을 방지하기 위해 난
소 적출이나 중성화 수술, 그리고 예방접종 프로그램을 시행하고
있다.[9]

아시아

아시아 국가들은 동물권 활동가들 사이에서 동물에 대한 처우가 열악하기로 악명이 높다. 동물 운동가들은 고양이와 개를 식용으로 기른다거나, 살아 있는 동물을 시장에서 판매하고, 전통의약품에 동물의 신체를 이용하는 등의 관행을 우려하고 있다.

아시아에서는 동물 복지법이 아직 그렇게 보편화되지 않았다. 그래도 일부 국가에서는 동물을 법적으로 보호하기 위한 움직임이 일고 있다. 태국과 필리핀은 1998년 최초로 동물 복지법을 입안했다. 양국은 이를 통해 인도적인 도살 규정을 확립했고, 약간의 논란을 불러일으키긴 했지만, 고양이와 개에 대해서도 최소 수준의 보호 장치를 마련했다. 대만 역시 동물 싸움이나 경주, 혹은 도박에 동물을 이용하는 행위를 불법화했다.

대만은 동물실험을 감시하는 윤리 위원회도 설치했다. 이런 동물법들은 미국보다 훨씬 선진적이다. 3장에서 다룬 바와 같이 중국에서는 동물실험에 대한 규제가 거의 이루어지지 않고 있지만, 몇 가지 중요한 동물 보호 조치를 취하기도 했다. 중국 정부는 역사상 처음으로 동물 복지법을 이행하라는 압력을 받고 있는 상태다. 또한 최근에는 유엔과 〈휴메인소사이어티〉가 공동으로 아시아-태평양 국가에서 민간인을 대상으로 인도적인 도살 교육을 실시하는 프로젝트를 진행하고 있다.[10]

전통 치료법과 동물

인간은 수천 년간 질병 치료를 위해 동물을 이용했다. 예를 들어 중국 전통 의학에서는 동물의 뼈와 장기 추출물로 여러 가지 질병을 치료한다. 하지만 이는 아시아의 자연을 심각하게 훼손하는 결과로 이어졌다. 야생 서식지 감소와 중국 의약품에 대한 세계적 수요 증가로 일부 동물 군집이 눈에 띄게 줄어든 것이다. 가장 인기 있는 치료제 중 어떤 것들은 호랑이, 곰, 코뿔소, 바다거북 같은 심각한 멸종 위기에 처한 동물로부터 나온다. 이에 자연보호 운동 조직들은 한의사나 아시아 각국 정부들과 함께 대안적인 치료제를 개발하여 멸종 위기종을 보호하려고 한다.[1]

멸종 위기에 처하지 않은 많은 동물들도 전통 의약품에 사용된다. 하지만 멸종 위기종이 아니라고 해도 집단으로 사육할 경우 복지 문제가 제기될 수 있다. 녹용은 빈혈에서 무정자증에 이르기까지 다양한 질병을 치료하는 강장제로 사용되기 때문에 전 세계에 사슴 사육장이 있다. 사슴의 뿔은 살아 있는 조직으로 구성되어 있으며 사슴이 살아 있는 상태에서 잘라 내야 한다. 한 번 뿔을 잘라도 성인 사슴에게서는 1년 뒤 다시 13킬로그램 정도의 뿔을 얻을 수 있으며, 이 뿔은 0.5킬로그램당 5백 달러까지 나간다.[2] 곰 역시 집단적으로 사육된다. 쓸개를 얻으려는 사냥꾼들 때문에 야생 곰이 멸종 위기에 처하자 업자들은 1980년대부터 사육에 의존하기 시작했다. 공장형 사육 시설에 갇힌 곰은 20년간 작은 철창 속에서 매일같이 담즙을 추출당한다.[3] 이 추출 과정은 곰에게 끔찍한 고통을 준다. 동물 운동가들은 대부분의 경우 식물성 원료로 대체 가능하기 때문에 의사들에게 동물성 의약품 처방을 중단할 것을 요구하고 있다.

▶출처―1. World Wildlife Fund/World Wildlife Fund for Nature, www.wwf.org
2. Charlotte Montgomery, *Blood Relations* (Between the Lines, 2000)
3. Animals Asia, "China Bear Rescue" (소책자)

아프리카

　대부분의 아프리카 국가들은 빈곤 때문에 동물을 보호할 자원
이 턱없이 부족하다. 하지만 이 같은 어려움 속에서도 많은 나라
들이 멸종 위기 야생동물을 보호하기 위한 조치를 마련해 왔다.
케냐와 탄자니아 같은 나라에는 대규모 야생동물 보호구역이 성
공적으로 자리 잡았다. 짐바브웨, 앙골라, 콩고민주공화국처럼
전쟁으로 사회 혼란이 끊이지 않는 나라에서는 밀렵을 예방하기
가 쉬운 일은 아니지만, 이를 금지하는 법이 분명 존재하며 지방
공무원들은 그 법을 이행하기 위해 최선을 다하고 있다. 다만 아
프리카 전역에 만연한 경제적 불안 때문에 원활하게 일을 할 수
없을 뿐이다.

　지방에는 고용 기회가 거의 없기 때문에 빈곤에 시달리는 많은
이들이 생계를 위해 밀렵을 한다. 멸종 위기종을 암시장에 내다
팔거나 고기를 먹기 위해서다. 그렇기 때문에 일부 아프리카 국
가에서는 지방 주민들을 생태 관광에 고용하여 야생동물을 죽이
지 않고도 생계를 유지할 수 있는 방안을 마련하고 있다. 또한 아
프리카 국가들은 야생동물과 동물 일반의 가치를 대중에게 알리
는 일에 나서고 있다.

　2003년 스와질란드와 모잠비크는 공립학교 교육 과정에 인도
주의 프로그램을 도입하여 생명 존중 교육을 실시했다.[11] 남아프
리카공화국에는 애완동물의 살상, 역축의 학대와 착취, 동물 싸
움을 금하는 잔혹 행위 방지법이 있다.[12] 최근 남아프리카공화국

정부는 동물에게 지각이 있음을 인정하고 야생동물과 가축 모두를 인도적으로 대하기 위해 각별한 노력을 기울이고 있다.[13]

같은 아프리카라도 지역별로 동물 복지 수준이 상이한데, 대개 포괄적인 동물 복지법을 보유하지 못한 빈국들만 몰아세우는 경향이 있다. 하지만 동물 보호법이 있다고 해서 전적으로 동물을 착취하지 않는 건 아니다. 사실 동물 착취가 자행되는 대부분의 지역은 최고의 복지 수준을 구가하는 부유한 서구 국가들이다. 이들 국가에는 공장형 사육 시설과 제약 산업, 화학 산업 등이 굳건히 자리하고 있기 때문이다. 서구 국가들은 진보적인 동물법을 보유하고 있으면서도 동물들에게 광범위한 고통을 유발하고 있다.

남반구와 북반구

반면 남반구의 동물 복지법은 그렇게 정교하지는 않지만 동물을 상대적으로 적게 괴롭힌다. 북반구에서 살아가는 사람들에 비해 동물성 자원을 적게 소비하기 때문이다.

예를 들어 매년 식용으로 죽어 가는 2백5십억 마리의 동물 중에서 남반구 사람들이 먹는 동물은 10억 마리밖에 되지 않는다.[14] 게다가 그 가운데 많은 동물이 비집약적인 시스템에서 지역 소농들이 사육한 동물들이다. 남반구의 많은 나라는 북반구의 농업 기술을 유치할 여력이 없기 때문에 오히려 더 지속 가능하고 인도적인 가축 사육을 할 수 있다.

게다가 북반구에서 사육되는 대부분의 동물들은 태어난 지 몇

달 만에 도살되지만, 남반구의 동물들은 더 많은 가치를 인정받기 때문에 그보다 훨씬 오래 목숨을 유지한다. 남반구에서는 알을 낳는 닭이나 우유를 공급해 주는 소는 태어난 지 일이 년 만에 잡아먹는 것보다 몇 년씩 기르면서 계란과 우유를 얻는 편이 훨씬 이익이 된다. 산업화가 많이 이루어지지 않은 곳에서는 가축을 주로 역축으로 이용하기 때문에 동물은 단순한 식품이 아니다. 역축의 과로와 학대가 문제로 대두되는 경우도 있지만 대체로 남반구 사람들에게 가축은 가계 경제의 소중한 자산이기 때문에 최선의 보살핌을 받는다.[15]

남반구에서 벌어지는 동물 학대는 북반구의 농업 관행 때문이다. 5장과 8장에서 언급했다시피 미국과 유럽의 많은 농업 기업들은 환경법, 노동법, 동물 복지법이 부실한 점을 이용해 남반구에 공장형 사육 시설을 운영하고 있다. 동물을 보호하는 공식적인 법이 부재한 상태에서 산업형 사육 시설을 운영하다 보니 광범위한 동물 학대가 일어나게 된 것이다.

〈세계동물보호협회〉와 〈사랑의세계농장〉 같은 동물 보호 운동 조직들은 각국 정부와 국제 개발 조직들에게 남반구의 재래식 영농 시스템 보존에 나설 것을 촉구하고 있다.

지속 가능한 지역 영농 기법을 장려하고 생명에 대한 대중 교육을 실시한다면 남반구의 동물 복지 수준을 개선하는 데 보탬이 될 것이다. 하지만 무엇보다 남반구에서 동물에 대한 처우를 개선하기 위해서는 인권을 보호하고 빈곤을 타파해야 한다. 사람들이 충분한 음식, 공정한 임금, 정치적 자유를 누리지 못한다면 동물의 이익을 우선적으로 고려하기도 그만큼 힘들기 때문이다. 기본적인 필요가 충족되지 않은 사람들에게 동물권을 위해 투쟁하라고 기대할 수는 없는 노릇이다. 이렇게 보았을 때 동물 보호를 가로 막는 심각한 장애물은 다름 아닌 인간 사회의 광범위한 빈곤이다.

세계화와 동물권

남반구의 인권과 동물권을 위해 싸우는 것도 중요하지만, 양식 있는 시민이라면 국제적인 복지 수준을 충족시키지 못하고 있는 선진 산업국에도 관심을 기울여야 한다. 선진 산업국의 정부들이 동물에게 최상의 복지 수준과 기본적인 권리를 보장해 줄 수 있도록 목소리를 높여야 할 것이다. 바로 그 동물에게서 이윤을 뽑아내고 있으니 말이다. 특히, 세계에서 가장 부유한 나라인 미국, 캐나다, 일본에 유럽 수준의 기준을 마련할 것을 촉구해야 한다.

동물권 운동가들은 남반구에 체계적인 동물 학대 시스템을 마련하려는 기업의 기도에도 저항해야 한다. 세계화 덕에 한 국가가 동물 복지에 관한 최상의 기준을 마련하더라도 기업은 관련 규정이 부실한 나라로 가서 그곳의 재화와 서비스를 이용할 수 있게 됐다. 부유한 국가들에게 압력을 넣어 보편적인 생산 기준을 이행하게 하고, 자국 기업에게는 해외에서도 이 기준을 준수하도록 요구하지 않는 한, 동물에 대한 무자비한 착취는 계속될 것이다.

N▶ 9 더불어 살기

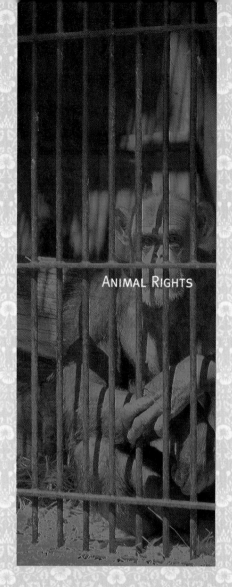

ANIMAL RIGHTS

동물의 고통을 줄이고 동물의 권리를 보장하기 위
해 지금 당장, 우리가 할 수 있는 일은 무엇일까?

09

더불어 살기

사태의 심각성에 압도될 필요는 없다. 사람들이 광범위한 동물 착취의 실상을 접하게 되었을 때 자주 보이는 반응은 지레 겁먹고 자포자기하는 것이다. 동물 착취가 워낙 일상의 수많은 삶들과 연루되어 있다 보니 동물의 고통을 막는 것이 불가능해 보이기 때문이다. 한 개인이 인간의 학대로부터 모든 동물을 구하지는 못하겠지만, 우리 각자에게는 생활양식과 소비 방식을 선택함으로써 동물의 고통을 줄일 수 있는 힘이 있다.

"채식주의자가 된다는 것은 오늘날의 상황에 동의하지 않겠다는 의미다. 우리는 굶주림, 세계적인 기아, 잔혹 행위, 폐기물, 전쟁 등에 반대하는 입장을 분명히 밝혀야 한다. 채식주의는 나를 표현하는 방식이다. 나는 채식주의에 상당한 힘이 있다고 생각한다."

—아이작 싱어Isaac B. Singer(1902~1991, 작가)

첫째, 적게 소비하기

동물에게 도움을 줄 수 있는 가장 실질적인 방법은 동물 소비를 줄이는 것이다. 좋든 싫든, 인간이 생산하고 사용하는 모든 물품은 우리 주변의 세상에 영향을 미친다. 우리가 구매하는 제품을 생산하기 위해서는 원재료와 에너지가 필요하기 때문이다.

원재료와 에너지를 얻는 과정에서, 그리고 소비재나 먹을거리를 대량 생산하는 과정에서 발생하는 공해 물질은 생태계를 파괴하고 오염시켜 모든 생명체에 악영향을 미친다. 오늘날 인류는 지구가 생산할 수 있는 양보다 20퍼센트나 더 많은 자원과 에너지를 사용하고 있다. 특히 선진국에서 살아가는 대부분의 사람들은 필요 이상의 소비를 한다.

여기서 멈추지 않으면 우리는 지구와 우리를 포함한 지구상의 모든 생명을 파멸시키고 말 것이다.

둘째, 책임감 있게 구매하기

에너지와 공산품을 적게 소비하는 데 만족하지 않고 책임 있는 선택을 할 필요가 있다. 해마다 화장실 휴지, 커피와 바나나, 면직물과 비닐봉지처럼 기본적인 재화를 생산하는 과정에서 수백만 마리의 동물이 죽어 간다. 그렇다고 해서 이 같은 생필품을 포기할 수도 없는 노릇이다. 다행히도 좀 더 지속 가능한 선택이 가능하다. 재생지로 만든 종이로는 고목古木을 살릴 수 있고, 유기농으로 재배하여 공정하게 거래한 바나나와 커피, 특히 그늘재배커피*는 무수한 새들과 설치류, 곤충들을 보호하는 한편, 야생동식물과 사람에게 중요한 젖줄인 강과 호수의 오염도 막는다. 또한 재생 비닐봉지나 재활용 가능한 비닐봉지를 사용하면 야생동물의 서식지와 인간의 공동체를 파괴하고 공기를 오염시키는 화석연료의 추가적인 추출을 막을 수 있다.

퇴비 만들기, 재활용하기, 지역적으로 생산된 유기농 제품 구입하기 등 **생태발자국**을 줄이면서도 삶을 즐길 수 있는 방법은 셀 수 없이 많다. 생태발자국에 대해 더 많이 알고 싶다면 〈풋프린트네트워크〉의 홈페이지(www.footprintnetwork.org)를 참고하라.

• **생태발자국**─사람이 의식주를 비롯해 지구상에서 살아가며 소비하는 모든 물품의 생산과 폐기에 드는 비용을 토지로 환산한 지수를 말한다. 옮긴이

• 깊이 읽기

열대 새에게 커피는 독약!

1990년대 중반에 생물학자들은 꾀꼬리의 일종인 오리올과 딱새 개체수가 크게 줄어든 것을 관찰했다. 이 새들은 주로 라틴아메리카의 그늘진 커피 농장에서 겨울을 나는데, 커피 재배가 기계화되면서 농장의 키 큰 나무를 잘라 내자 서식지가 사라졌고 자연히 개체수도 급감한 것이다.

1996년 〈스미소니언 철새연구소Smithsonian migratory Bird Centre〉의 후원 아래 철새 서식지 문제를 비롯해 커피 산업의 지속 가능성을 협의하기 위한 회담이 열렸다. 그 결과 재래식 농장에서 생산되는 그늘 재배 커피의 기준과 인증 제도를 개발할 계기가 마련된다. 오늘날에는 〈스미소니언 철새연구소〉와 〈우림동맹Rainforest Alliance〉 두 기관이 그늘 재배 커피 인증을 주도하고 있다.

▶참고─『커피북』, 니나 루팅거·그레고리 디컴 지음, 이재경 옮김, 사랑플러스, 2010.

한국의 지속 가능성은 얼마나 되나?

한 사회의 생태 지수를 측정하는 방법에는 여러 가지가 있다. 그중 가장 널리 쓰이는 생태발자국 지수는 생산과 소비 과정에서 배출되는 온실가스를 토지가 모두 흡수한다고 했을 때 필요한 토지 면적을 계산한 수치고, 생태 용량은 생태계의 자원 생산 및 폐기물 흡수 능력을 수치로 나타낸 것이다. 아래 그래프에서는 생태발자국과 생태 용량을 모두 일인당 토지 면적으로 환산했다.
생태 용량은 생태계 관리 방식, 농경 방식, 생태계 파괴, 기후와 인구 규모에 따라 매년 달라지며 생태 발자국은 생산과 소비의 효율성에 따라 달라진다.

한국의 생태발자국과 생태 용량(2012년 자료 기준)

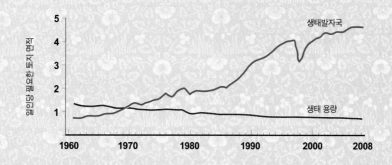

2008년 한국의 생태발자국은 4.62헥타르(세계29위), 생태 용량은 0.72헥타르(세계110위)를 기록했다. 이는 한 해 동안 한국인 한 사람당 배출한 온실가스를 토지로 흡수하려면 4.62헥타르가 필요하지만 실제 온실가스를 흡수할 수 있는 토지 면적은 일인당 0.72헥타르에 불과하다는 뜻이다. 더 심각한 문제는 1960년 이후로 생태발자국은 꾸준히 증가하는 추세인데 반해 생태 용량은 줄어드는 데 있다. 즉, 생태적 능력은 꾸준히 떨어지고 있는데 이용 수준은 도저히 감당할 수 없을 정도로 늘어나고 있는 것이다. 옮긴이

▶출처─〈풋프린트네트워크〉
http://www.footprintnetwork.org/images/trends/2012/pdf/2012_korearepublic.pdf

셋째, 동물성 단백질 적게 섭취하기

지금까지 인간에게 학대받고 도살당한 동물 대부분은 식용 동물이다. 일부 활동가들은 이 때문에 동물성 식품을 전혀 먹지 않기도 한다. 이들은 모든 육류, 생선, 유제품과 계란을 먹지 않는다. 조금만 시간을 들여 몸에 필요한 영양소를 어떻게 얻을 수 있을지 공부할 자세만 있다면 완전한 채식 식단으로도 충분히 건강하고 활기 있는 삶을 살 수 있다. 하지만 그저 동물성 단백질을 적게 섭취하기만 해도 당신의 건강과 동물 모두에게 유익한 변화를 가져올 수 있다. 매일 고기를 먹는 대신 콩, 통곡물, 두부 같은 저지방 식물성 대체 식품을 이용해 보기 바란다. 또한 차나 커피, 과자나 빵 같은 식품에 우유 대신 두유나 쌀 음료를 넣어 보자. 하루 한 끼만 이런 변화를 줘도 많은 동물의 생명을 구할 수 있다.

넷째, 유기 방목 제품 구입하기

많은 활동가들이 동물성 식품을 먹지 않지만 육류, 계란, 유제품이 없는 삶은 상상할 수도 없는 사람이라면 집약적인 시스템을 이용하지 않는 믿음직한 지역 농민에게서 그런 제품들을 구입하면 된다. 많은 소규모 독립 농장들은 대규모 공장형 농장보다 훨씬 인도적인 방식으로 농장을 운영하며, 유기 방목 시스템은 동물에게 훨씬 이롭다. 인도적으로 사육된 동물들 역시 결국 도살되겠지만, 최소한 이들은 살아 있는 동안 훨씬 고통을 덜 받는다. 물건을 살 때, 농민에게 직접 어떤 사육 방식을 채택하고 있는지, 도살되기 전에 가축들이 장거리 이동을 하지는 않는지 확인해 보기 바란다. 요즘에는 대부분의 식료품점에서도 유기 방목 제품을 찾을 수 있지만 지역 재래시장이나 생활협동조합 매장을 이용하는 것이 더 낫다. 아무래도 이런 곳에서 판매하는 육류와 계란, 유제품들은 지역에서 사육되어 스트레스를 적게 받은 동물에게서 나오고 수송 과정에서 오염이 덜 된 제품일 가능성이 높기 때문이다.

다섯째, 보이지 않는 동물성 재료에 주의하기

안타깝게도 우리가 소비하는 식품에는 온갖 보이지 않는 동물성 성분들이 들어 있다. 이 성분들은 공장형 사육 시설에서 사육된 동물의 부산물이다. 많은 제과류에는 '글리세리드'라고 하는 동물성 지방이 들어 있고, 일부 메이플 시럽과 당밀에는 '라드'라는 돼지기름이 소포제로 이용된다. 또한 설탕을 정제할 때는 동물성 숯을 이용한다. [치즈를 만들 때 사용하는 소의 내막인] 레닛이나 [우유를 발효시킬 때 생기는] 젖산은 물론, [동물의 위액에 들어 있는 단백질 분해 효소인] 펩신과 [콜라겐에서 뽑아낸 유도 단백질의 일종인] 젤라틴까지 모두 식

•소포제—액상 식품 제조 과정에서 발효나 농축 등으로 조직에 문제가 생기는 것을 막기 위해 첨가하는 물질이다. 옮긴이

•동물성 숯(또는 골탄animal charcoal)—동물의 뼈를 이용해 만든 숯으로 공기를 차단한 상태에서 동물의 뼈를 탄화해 만든다. 설탕 용액에서 유색의 불순물을 없애는 데 사용한다. 옮긴이

품 속에 자주 첨가되는 동물성 재료이니 주의해야 한다. 화장품에도 동물 조직에서 뽑아낸 콜라겐, 글리세린, 엘라스틴, 라놀린 같은 동물성 성분이 포함돼 있다. 어떤 제품에 어떤 동물성 성분이 들어 있는지 자세하게 알고 싶다면 타냐 바너드Tanya Barnard와 세라 크래머Sarah Kramer의 『채식주의자의 정원The Garden of Vegan』(Arsenal Pulp Press, 2002)을 참고하면 된다. 동물성 부산물을 사용하는 데에는 별 이유가 없다. 대규모 공장형 사육 시설 덕분에 이런 부산물들이 워낙 값싸기 때문이다. 우리가 육류를 적게 소비한다면, 제조업자들은 어쩔 수 없이 대안을 찾게 될 것이다.

여섯째, 동물실험 제품 사지 않기

물건을 구매할 때 포장에 토끼 그림이 있는지 살펴볼 것도 권한다. 제품을 만들 때 잔혹 행위를 하지 않았다는 뜻이다. 이 토끼 그림이 없는 대부분의 상업용 제품은 동물실험을 거쳐 출시된 것이다. 다행히도 잔혹 행위를 하지 않은 제품들로 기존의 거의 모든 제품들을 대체할 수 있으며, 이런 제품들이 슈퍼마켓에서 점점 많은 자리를 차지하고 있다. 이제는 동물실험을 하지 않은 세척제나 가정용품, 개인 관리 용품들을 찾는 게 쉬워졌다. PETA에서는 동물실험을 하는 기업과 하지 않는 기업의 목록을 축적해 놓고 있으며, 관심 있는 소비자들에게 무료로 책자를 나눠 주고 있다.(www.peta.org)

〈애니멀에이드Animal Aid〉를 통하면 〈잔혹하지않은아름다움〉

의 화장품도 구매할 수 있다.(www.animalaid.org.uk)

일곱째, 유행의 희생양 되지 않기

대부분의 사람들은 옷장에 가죽 제품이나 양모 제품을 하나쯤
은 가지고 있다. 이런 제품들은 끔찍한 잔혹 행위를 거쳐 만들어
진다. 하지만 지난 몇 년간 훌륭한 대체재들이 많이 개발되었다.
스웨터의 재료는 다양해지고 가죽을 이용하지 않고도 고급 구두
를 만들 수 있게 되었다.

하지만 가죽이나 양모를 선택하는 경우에도 동물의 고통을 줄
일 수 있는 방법이 있다. 첫째, 중고 스웨터, 벨트, 핸드백을 구매
하면 쓰레기를 줄이는 한편, 동물들에게 새로이 고통을 주지 않
고 제품을 이용할 수 있다. 둘째, 오래 못 갈 싸구려 제품을 여러
개 사느니 오래 두고 쓸 수 있는 품질 좋은 제품 몇 가지를 사는
편이 낫다. 고급 스웨터와 가죽 제품은 수선해서 쓰기만 하면 여
러 해 동안 쓸 수 있다. 가장 골치 아픈 문제 중 하나는 유행이 너
무 자주 변하다 보니 옷을 금방 못 입게 된다는 점이다. 소비자들
은 '한물' 가고 나면 새로운 유행의 옷을 구매하고 싶은 유혹에
빠진다. 이 때문에 실제로 필요한 양보다 훨씬 더 많은 옷을 사게
되는 것이다. 가죽과 양모 제품의 경우 더 많은 동물들이 불필요
한 희생을 당하는 것은 말할 것도 없다. 따라서 가죽과 양모 제품
을 포기할 수 없다면 최소한 더욱 책임 있게 구매할 필요가 있다.
유행을 잘 타지 않고 닳을 때까지 쓸 수 있는 '고전적인' 품목을

선택하는 것도 한 방법이 될 수 있다. 예외가 있다면 메리노 양모는 어떤 이유로든 사지 않는 것이 좋다. 8장에 그 이유를 설명해 놓았다.

여덟째, 애완동물의 욕구 이해하기

애완동물을 키우는 것은 멋진 경험이다. 하지만 잘 관리할 수 있는 동물을 선택하는 것이 중요하다. 대부분의 전문가들은 아무리 주인이 좋은 의도를 가지고 있다 하더라도 이색 애완동물이나 파충류, 작은 설치류, 조류나 어류 같은 우리에 가둬 두는 애완동물을 키우는 것은 잔인하다고 말한다. 집에서 기르려면 고양이나 개 같은 애완동물이 훨씬 적합하다. 애완동물이 과잉 공급되는 상황과 애완동물 가게와 애완동물 사육업체에서 자행하는 잔혹 행위를 생각한다면 보호소의 동물을 입양하는 것도 좋은 방법이 될 수 있다. 무원칙한 산업 행위를 밀어 주는 대신 자칫하면 폐기 처분될 수 있는 동물을 구할 수 있는 길이기 때문이다.

부적절한 번식을 방지해야 하므로 애완동물의 난소 적출이나 중성화 수술은 반드시 하도록 하자. 안타깝게도 대부분의 애완동물 사료는 가장 큰 고통을 당하는 공장형 사육 시설의 동물로 만들어진다. 사료용 동물들은 대개 이미 죽었거나 죽어 가는 상태로 도살장에 도착한다. 게다가 대부분의 상업용 애완동물 사료 회사들은 고통스러운 동물실험을 실시한다. 이 때문에 애완동물에게 채식 사료를 주는 동물 운동가들도 있다. 하지만 유기 방목 육류, 심지어는 인간이 먹는 육류를 이용한 사료처럼 동물의 고통을 줄이는 데 도움이 되는 다른 대안들도 있다. 이런 제품을 구입하면 가축을 학대해 이윤을 추구하는 업자들의 행태를 막을 수 있다. 일부 고급 원료를 자랑하는 사료 회사 가운데는 동물실험을 하지 않았다고 밝힌 회사도 있다.

애완동물 채식 사료에 대한 정보는 〈베지페츠Veggiepets〉 홈페이지(www.veggiepets.com)에서 얻을 수 있다.

아홉째, 야생동물 배려하기

인간은 애완동물뿐만 아니라 야생동물과도 함께 살아간다. 이런 야생동물이 인간의 거주지를 침범하는 경우도 있다. 그러면 사람들은 야생동물을 성가신 침입자로 여긴다. 그리고 단지 성가시다는 이유로 매년 수백만 마리의 야생동물을 죽인다. 도시에서는 일상적으로 곤충, 쥐, 너구리, 다람쥐, 비둘기, 심지어는 도둑고양이와 떠돌이 개를 잡기 위해 덫과 독을 놓는다. 농촌 지역에서는 늑대, 코요테, 곰, 토끼, 바다표범, 거위, 가마우지 등이 인간의 활동을 방해한다는 이유로 엄청나게 죽어 간다. 일부 야생동물은 그저 '눈에 거슬리거나' 매끈하게 다듬어 놓은 잔디밭을 망친다는 이유로 죽임을 당하기도 한다.

하지만 우리가 침입자라고 여기는 거의 모든 동물은 토착종이거나 인간의 손으로 그곳에 들여 놓은 종들이다. 인간을 성가시게 하는 동물이라지만, 그들에게는 다른 주거지를 선택할 자유가 없다. 아름답거나 장엄하지 못할 수는 있지만, 이런 동물들 역시 고통과 두려움을 느낄 수 있고 생태계에서 중요한 역할을 하는 경우도 많다.

친구와 가족들이 모든 생명의 가치를 인정하고 야생동물과의 공존을 긍정적으로 평가할 수 있도록 분위기를 만들어 주자. 음식물 쓰레기를 잘 관리하고 쓰레기통을 잘 밀봉하며 창문에 가림막을 치고 집에 있는 모든 구멍을 막는 등, 간단한 조치만으로도 인간의 공간에 야생동물들이 들어오지 못하게 할 수 있다. 만일 동물이 집안으로 밀고 들어올 경우, 혹은 집안에 갇혀 버릴 경우에는 산채로 잡아서 풀어 주거나 동물 보호소로 보내도록 하자.

야생동물의 인도적인 포획과 방사에 대해 여러 가지 조언과 도움을 줄 수 있는 야생동물 조직들도 많이 있다.

열째, 기업 권력에 도전하고 사회정의 지원하기

이 책에서 나는 정의와 관련된 여러 논의들이 서로 관련이 있다는 사실을 보여 주고자 했다. 오늘날의 전 지구적 경제체제는 동물, 인간, 환경 등, 여러 집단을 동시에 착취하고 있다. 이러한 여러 가지 착취 행태는 별개의 문제가 아니다. 모두 생명을 경시하는 기업 윤리라는 같은 뿌리에서 나온다. 동물의 권리를 확보하기 위해서는 이 모든 형태의 경제적 착취에 맞서야 한다. 인간과 생태계를 보호하는 행위는 동물에게도 직접적인 혜택을 준다.

예를 들어 생태계가 독성 물질에 오염되어 파괴되면 동물 역시 고통을 받으며 죽음을 면치 못한다. 마찬가지로 인간이 건강한 음식과 편안한 보금자리, 기본적인 보건 체계나 최소한의 임금을 보장받지 못하면 동물의 이익을 방어해 줄 능력이 떨어질 수밖에 없다. 억압받는 인간과 환경을 착취로부터 보호하는 것은 그 자체로 아주 중요한 일이지만, 동물에 대한 인간의 학대에 저항할 때에도 아주 긴요한 역할을 할 수 있다.

 부록

NO-NONSENSE

NO-NONSENSE

〈맥도날드〉에 대한 저항

인도에서는 힌두교가 지배적이기 때문에 대부분의 주에서 소를 살상하거나 상해를 가하거나 이용하는 행위 모두가 불법이다. 그런데 패스트푸트 체인점인 〈맥도날드〉에서 소고기 첨가물이 들어간 프렌치프라이를 판매하고 있다는 사실이 알려지자 일부 인도인들이 이 사실에 분노하여 델리와 뭄바이에서 시위를 벌였다. 시위대는 인도의 〈맥도날드〉 본사와 무수한 매장 앞을 점거하여 2억 달러의 재산상의 손실을 안겨 주었다. 인도 정부는 시위대의 주장을 심각하게 받아들여 제품 조사에 들어갔다. 결국 〈맥도날드〉는 힌두교도들은 물론, 미국의 다른 채식주의자들에게도 1천만 달러의 합의금을 지불해야 했다.

NO-NONSENSE

유대교와 이슬람교의 육식

유대교와 이슬람교는 동물의 의식이 완전할 때 목에 상처를 내고 피를 완전히 빼낸 뒤 도축한 고기만을 먹을 수 있게 허용한다.

이러한 도축 방식은 수천 년 전에 정해진 것으로, 당시에는 아마 동물을 죽이는 가장 위생적이고 인도적인 방법이었을 것이다. 의식이 있는 동물을 도축하는 것은 이 동물이 건강하다는 것을 확인하는 방법이었을 것이고, 날카로운 칼로 한 번에 동물의 목을 따는 것은 동물을 최대한 빨리 죽일 수 있는 방법이었을 것이다.[1] 하지만 전 세계적으로 이렇게 도축된 고기에 대한 수요가 엄청나게 늘면서 오늘날에는 종교 의례를 따르는 도축도 더 이상 인도적이라고 말할 수 없게 됐다. 의례를 따라 도축된 고기도 가공은 다른 고기들처럼 대규모 도축장에 맡긴다.

종교 의례를 따르는 이런 고기들은 포유류를 죽이기 전에 먼저 기절시키도록 하는 인도적인 도축법의 적용을 받지 않는다. 동물의 피를 완전히 빼내기 위해서는 푸주한이 경정맥을 찌를 수 있게 동물을 공중에 거꾸로 매달아야 한다. 이때 매달린 다리에는 엄청난 하중이 실리게 되고 그 결과 무거운 동물들은 종종 골절상을 입거나 껍질이 벗겨지는 고통을 당한다. 동물이 이렇게 매달려 최후를 맞기까지 약 5분이 소요된다. 매달린 동물이 몸부림치는 것을 막기 위해 머리는 겸자 같은 것으로 고정시킨다. 그래야 푸주한이 한 번에 이들을 죽일 수 있기 때문이다.

이 같은 관행은 그렇게 인도적이라고 볼 수 없다. 그래서 유대교와 이슬람의 많은 종교 지도자들은 오늘날의 종교적인 도축에 변화가 필요하다는 사실을 인정하고 있다. 스웨덴, 노르웨이, 스위스의 종교 지도자들은 피를 빼기 전에 먼저 동물을 기절시키는 데 동의했다. 하지만 아직도 많은 나라에서는 동물들이 종교적 도축 때문에 상당한 고통과 괴로움을 느끼고 있다. 이 같은 도축 행위가 유대교와 이슬람 율법의 정신을 위배한다고 느끼는 사람들도 있다.[2]

▶출처―1. Rynn Berry, *Food for the Gods*(Pythagorean, 1998)
2. Peter Singer, *Animal Liberation* 3rd edition(Pimlico, 1995)

 NO-NONSENSE

아프리카의 어업과 '야생동물 고기'

최근 캘리포니아 대학교에서 실시한 연구에 따르면 "부유한 유럽 국가들의 어업 정책은 코끼리, 원숭이, 혹 멧돼지 같은 아프리카 동물들의 멸종과 직접 연관되어 있다." 30년간 진행된 이 연구를 통해 가나인들은 자신들이 먹는 어자원이 고갈되자 생존을 위해 어쩔 수 없이 '야생동물 고기'에 눈을 돌리게 됐다는 것이 확인되었다. 1970년과 1998년 사이 아프리카 인근 바다에서 이루어지는 유럽인의

어업 활동은 스무 배 증가했고 그동안 가나 자연보호 구역에 살던 포유류는 16퍼
센트에서 45퍼센트 가까이 줄어 멸종된 지역도 있었다. 어자원 관리의 부실로 아
프리카에는 심각한 식량 위기가 발생했고, 이 때문에 갈수록 많은 사람들이 식량
을 얻기 위해 멸종 위기에 처한 동물들을 사냥하게 된 것이다.

▶출처—Alana Mitchell, "Fishing Linked to Animals' Extinction", *The Globe and Mail*, 12 November 2004.

NO-NONSENSE

다운과 비단

다운은 오리나 거위가 물과 추위에서 몸을 보호하기 위해 깃털 아래 두르고 있
는 부드러운 솜털이다. 보통 다운은 베개, 이불, 겨울용 재킷에 이용된다. 다운은
대부분 새를 죽일 때 뽑아낸다. 하지만 일부 나라에서는 살아 있는 오리와 거위
에서 다운을 뽑아내기도 한다. 이 경우 새들은 6주마다 이 고통스러운 과정을 겪
는다.

비단은 누에고치에서 뽑아낸다. 유충들은 비단 섬유를 뽑아 변태가 진행되는
동안 이 섬유를 온몸에 두르고 지낸다. 자연 상태에서는 유충이 나방으로 성장할
때 비로소 섬유 고치를 벗는다. 하지만 비단 산업에서는 유충이 나방으로 변하기
전에 비단을 뽑아내기 때문에 유충이 들어 있는 상태에서 고치를 삶거나 쩌서 유
충을 죽인다. 약 0.5킬로그램의 비단을 생산하기 위해서는 3천 개의 고치가 필요
하다.

▶출처—People for the Ethical Treatment of Animals, www.peta.org

군사 실험

대부분의 나라에서는 군사 기술을 실험하는 데 동물을 이용한다. 한 해 동안 군사 실험에 이용되는 동물의 수는 수십만 마리에 달한다. 미 국방부는 매년 30만 마리가 넘는 동물을 군사 실험에 이용하기 위해 1억 달러의 세금을 쓴다. 연구의 주된 목적은 인간에게 사용할 무기를 테스트하는 것이다. 이를 위해 개, 고양이, 돼지, 원숭이가 방사능, 신경가스, 여러 가지 화학물질과 박테리아 물질에 노출된다. 또한 각국 정부에서는 최대한 치명적인 무기를 만들기 위해 동물들에게 총과 미사일을 발사하여 화상을 입히고 불구로 만들기도 한다.

▶출처―In Defense of Animals, www.idaus.org

채식에도 종류가 있다고?

개인의 상황이나 사회적 선택 가능성에 따라 채식주의에도 여러 종류가 있다. 달걀은 먹지만 유제품은 먹지 않는 오보 채식주의Ovo vegetarianism, 유제품은 먹지만 달걀은 먹지 않은 락토 채식주의Lacto vegetarianism, 달걀과 유제품 모두를 먹는 오보-락토 채식주의Ovo-lacto vegetarianism, 마지막으로 달걀과 유제품뿐 아니라 꿀처럼 동물에게서 나온 모든 제품을 먹지 않는 완전 채식주의veganism가 있다. 완전 채식주 가운데서도 식물에게 해를 끼치지 않는 범위 안에서 과일과 씨앗, 견과류만을 섭취하는 채식주의도 있고 제철 유기농 식품을 되도록 가공하지 않고 통째로 먹는 마이크로 바이오틱microbiotic 식사법도 채식주의로 분류할 수 있다. 옮긴이

프레마린

일부 동물의 경우 의약 성분을 뽑아내기 위해 유전자 조작이 필요하지만 이런 복잡한 조작이 필요하지 않은 경우도 있다. 임신한 말의 소변은 에스트로겐이 풍부해서 그 자체로 의약품으로 쓰이고 있기 때문이다. 〈와이어스에이어스트랩 Wyeth-Ayerst Laboratories〉에서 프레마린이라는 이름으로 판매하고 있는 이 에스트로겐 성분은 폐경 증후군을 치료하는 데 이용되며, 미국에서 가장 널리 사용되는 약품 중 하나다. 에스트로겐은 인공적으로 합성할 수도 있지만, 〈와이어스에이어스트랩〉은 암말에서 추출하는 방식을 더 선호한다. 미국과 캐나다는 임신한 암말 7만 5천 마리 이상을 꾸준히 보유하고 있다. 프레마린 생산의 부산물인 망아지는 매년 7만 마리 넘게 죽어 나가고 프레마린 생산에 이용되는 암말들은 가능한 최대로 착취당한다. 이들은 망아지를 낳자마자 새끼와 분리되어 며칠 만에 다시 수태를 한다. 제대로 눕지도 못할 정도로 너무 좁은 공간에 갇혀 지내다 보니 많은 암말들이 절름발이가 되기도 한다. 또한 소변의 농도를 높이기 위해 물도 제한된 양만 공급받는다. 이 때문에 신장과 간에 종종 문제가 발생한다. 마지막으로 암말이 늙어서 더 이상 새끼를 낳을 수 없게 되면 도살되어 애완동물 사료로 쓰인다. 프레마린은 동물의 에스트로겐을 추출한 유일한 에스트로겐 대체 요법이다.

▶출처—American Anti-Vivisection Society, www.aavs.org

육류 시장

전 세계적으로 육류에 대한 수요가 증가하면서 육류 산업이 갈수록 성장하고
있으며, 생산자들은 더욱 집약적인 '공장형 사육' 기법을 채택하고 있다.

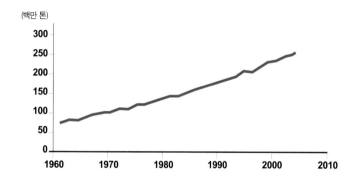

세계 육류 생산(1961년~2004년)

▶출처―Worldwatch Institute, *Vital Signs 2005*(WW Norton & Company 2005); UN Food & Agriculture
Organization(FAO)

NO-NONSENSE

동물권 활동가들은 '인간'에게도 큰 관심을 갖는다

동물들이 겪는 고통을 종식시키기 위해 활동했던 초기 개혁가 대다수는 다른 형태의 자선 활동에도 적극적이었다. 19세기의 많은 여성 참정권 운동가들과 노예 폐지론자들은 생체 해부 반대 운동에 적극적으로 참여했고, 일부 사회 개혁가들은 동물 복지 증진 활동에 동참하기도 했다. 이 같은 경향은 오늘날까지 지속되고 있다. 기부 패턴을 조사한 여러 연구에 따르면 동물 문제에 관심 있는 사람들은 인간사에도 관심을 가지며, 동물 운동 조직뿐만 아니라 사람들을 돕는 조직에도 기부하는 경향이 있다.

▶출처―Richard Ryder, *The Political Animal*(McFarland, 1998)

NO-NONSENSE

무역법이 농장의 가축들에게 해가 되는 이유

동물 복지에 대한 인식이 가장 낮은 법은 국제무역법이다. 실제로 "현행 〈세계무역기구〉 규정에 따르면 (…) 자국의 동물 복지 기준을 충족시키기 못했다는 이유로 동물성 제품 수입을 금지하는 행위는 불법이다."[1] 따라서 대형 농장의 닭장과 암퇘지 우리를 금지하고 있는 유럽에서는 이로 인해 문제가 불거지고 있다. 동물 복지 수준이 낮은 국가들이 이제는 자국의 농축산물이 유럽의 높은 기준 때문에 불공정한 무역 제재를 당하고 있다고 주장할 수 있게 되었기 때문이다.[2]

▶출처―1. Compassion in World Farming, www.ciwf.org.uk
2. Pat Tohill, "Industrial Animal Agriculture", Two Days of Thinking about Animals in Canada(학술 대회), Brock University, 2005.

■ 원서 주석

■ 여는 글

1. Lewis Petrinovich, *Darwinian Dominion*(MIT Press, 1999)
2. People for the Ethical Treatment of Animals, www.peta.org

■ 1장

1. Leweis Petrinovich, *Darwinian Dominion*(MIT Press, 1999)
2. Eugene Hargrove(ed.), *The Animal Rights/Environmental Ethics Debate*(State University of New York, 1992)
3. Charlotte Montgomery, *Blood Relations*(Between the Lines, 2000)
4. Peter Singer, *Animal Liberation*, 3rd edition(Pimlico, 1995)
5. Mark Gold, *Animal Century*(Jon Carpenter, 1998)
6. 톰 리건은 동물권 문제에 대해 많은 저작을 남겼다. *All Than Dwell Therein* (University of California Press, 1982), *The Case for Animal Rights*(Temple University Press, 1983) *The Struggle for Animal Rights*(International Society for Animal Rights, 1987), *Defending Animal Rights*(University of Illinois Press, 2001), *Empty Cages*(Rowman and Littlefield, 2004)을 참고할 것.
7. Steven Wise, "a Legal Person", *Animal Rights: Current Debates and New Directions* ed Cass R Sunstein, Martha C Nussbaum(Nature/OUP, 2004)
8. Robert Garner, *Animals, politics and morality*(Manchester University Press, 1993)
9. *The Guardian*, 21 July 2004.
10. Richard Ryder, *The Political Animal*(McFarland, 1998)

■ 2장

1. George Wenzel, *Animal Rights, Human Wrongs*(University of Toronto Press, 1991)
2. David Nibert, *Animal Rights, Human Rights*(Rowman and Littlefield, 2002)
3. Colin Spencer, *The Heretic's Feast*(University Press of New England, 1995)
4. David Nibert, *Animal Rights, Human Rights*(Rowman and Littlefield, 2002)
5. Stephen Rosen, *Diet for Transcendence*(Torchlight, 1997)
6. Rynn Berry, *Food for the Gods*(Pythagorean, 1998)
7. 같은 책.
8. 불광산사 주지 융 쿠Yung Ku 스님과의 인터뷰(토론토, 2005)
9. *Nonviolence to Animals, Earth and Self in Asian Traditions*, Christopher Chapple(State University of New York, 1993)에서 인용.
10. Rynn Berry, *Food for the Gods*(Pythagorean, 1998)
11. "Tigerland", Bittu Sagha, *New Internationalist* No 288, March 1997.
12. Stephen Rosen, *Diet for Transcendence*(Torchlight, 1997)
13. Mark Gold, Animal Century(Jon Carpenter, 1998)
14. BBC News, "Asia 'wakes up' to animal welfare" http://news.bbc.co.uk
15. "A Roar from Animal Activists in China", Mark Magnier, *The Boston Globe* www.boston.com/news/
16. Jill Robinson, Director of Animals Asia, lecture at Earthrangers, 2004.
17. BBC News, "Asia 'wakes up' to animal welfare" http://news.bbc.co.uk

■ 3장

1. Eric Schlossor, *Fast Food Nation*(Perennial, 2001)
2. Annabelle Sabloff, *Reordering the Natural World*(University of Toronto Press, 2001) 에서 인용.
3. Tom Regan, *Empty Cages*(Rowman & Littlefield, 2004)
4. Grace Factory Farm Project, www.factoryfarming.org
5. Animal Aid, www.animalaid.org.uk
6. Canadians for Ethical Treatment of Food Animals, www.cetfa.com
7. Animal Aid, www.animalaid.org.uk
8. Stephanie Brown and John Youngman, "The Disgraceful Secret Down on the Farm", *Vancouver Sun*, 3 November 2003.
9. Peter Singer, *Animal Liberation*, 3rd edition(Pimlico, 1995)

10. Tom Regan, *Empty Cages*(Rowman & Littlefield, 2004)
11. Animal Aid, www.animalaid.org.uk
12. "Factory Farms Grow New Roots in Developing World", *Environment News Service*, April 2003(22).
13. "Humans and other animals - the facts", *New Internationalist No* 215, January 1991.
14. *The Independent*, 18 November 2003.
15. Darrin Qualman and Nettie Wiebe, "The Structural Adjustment of Canadian Agriculture", Canadian Centre for Policy Alternatives.
16. Annabelle Sabloff, *Reordering the Natural World*(University of Toronto Press, 2001) 에서 인용.
17. "Humans and other animals - the facts", *New Internationalist No* 215, January 1991.
18. Global Action Network, *Animal Transport*(소책자)
19. Charlotte Montgomery *Blood Relations*(Between the Lines, 2000)
20. Annabelle Sabloff, *Reordering the Natural World*(University of Toronto Press, 2001) 에서 인용.
21. "Fishing - the facts", *New Internationalist No* 325, July 2000.
22. 같은 글.
23. Steve Lustgarden, "Fish: What's the Catch", www.earthsave.org
24. Tom Knudson, "Waste on Grand Scale Loots Sea", Sacramento Bee, 1995, www.sacbee.com
25. Peter Singer, *Animal Liberation*, 3rd edition(Pimlico, 1995)
26. Tom Knudson, "Waste on Grand Scale Loots Sea", Sacramento Bee, 1995, www.sacbee.com
27. Janet Raloff, "Fishing for Answers", *Science News* 150, October, 1996에서 인용.
28. People for the Ethical Treatment of Animals, www.peta.org
29. "Fishing - the facts", *New Internationalist No* 325, July 2000.
30. People for the Ethical Treatment of Animals, www.peta.org
31. Farm Sanctuary, www.farmsanctuary.org
32. "Fishing - the facts", *New Internationalist No* 325, July 2000.
33. Carl Safina, "The World's Imperiled Fish", *Scientific American*, November 1995.
34. People for the Ethical Treatment of Animals, www.peta.org, Farm Sanctuary, www.farmsanctuary.org
35. Gene Bauston, Q&A at screening of *Peaceful Kingdom*(Toronto, 2004)
36. Harold Brown, "What's Wrong with Free-Range and Organic", lecture at Toronto Animal Rights Society, 2005.
37. "Karma Co-op", *The Chronicle*, December 2005.
38. Matthew Scully, *Dominion*(St Martin's Press, 2002)

39. Peter Singer, *Animal Liberation*, 3rd edition(Pimlico, 1995)
40. *The New York Times*, 23 July 2000.
41. *The Globe and Mail*, 2 February 2005.

• 4장

1. Annabelle Sabloff, *Reordering the Natural World*(University of Toronto Press, 2001)
2. Tom Regan, *Empty Cages*(Rowman & Littlefield, 2004)
3. Charlotte Montgomery, *Blood Relations*(Between the Lines, 2000)
4. *Outdoors Canada*, October 2004.
5. 같은 책.
6. Animal Protection Institute, www.api4animals.org
7. League Against Cruel Sports, www.league.uk.com; Animal Aid, www.animalaid. org.uk
8. *Boston Herald*, 21 May 2004.
9. Tom Regan, *Empty Cages*(Rowman & Littlefield, 2004)
10. Charlotte Montgomery, *Blood Relations*(Between the Lines, 2000)
11. *Outdoors Canada*, October 2004.
12. People for the Ethical Treatment of Animals, www.peta.org
13. 같은 곳.
14. Tom Regan, *Empty Cages*(Rowman & Littlefield, 2004)
15. Charlotte Montgomery, *Blood Relations*(Between the Lines, 2000)
16. Tom Regan, *Empty Cages*(Rowman & Littlefield, 2004)
17. Animal Protection Institute, www.api4animals.org
18. Tom Regan, *Empty Cages*(Rowman & Littlefield, 2004)
19. League Against Cruel Sports, www.league.uk.com; Animal Aid, www.animalaid.org.uk
20. Greyhound Protection League. www.greyhounds.org
21. League Against Cruel Sports, www.league.uk.com; Animal Aid, www.animalaid.org.uk
22. National Humane Education Society, www.nhes.org
23. League Against Cruel Sports, www.league.uk.com
24. Zoocheck, www.zoocheck.com
25. 같은 곳.
26. People for the Ethical Treatment of Animals, www.peta.org
27. Richard Ouzounian, "Latest Act For Circus is Modernizing", *Toronto Star*, 10 November 2004.

28. Rob Laidlaw, "Dolphins and Whales in Captivity: Is it justified?", www.zoocheck.com
29. Tom Regan, *Empty Cages*(Rowman & Littlefield, 2004)
30. People for the Ethical Treatment of Animals, www.peta.org
31. Niagara Action for Animals, "Freedom vs. Captivity"(소책자)
32. Rob Laidlaw, "Dolphins and Whales in Captivity: Is it justified?", www.zoocheck.com
33. 같은 곳.
34. People for the Ethical Treatment of Animals, www.peta.org
35. 같은 곳.
36. Rob Laidlaw, "Dolphins and Whales in Captivity: Is it justified?", www.zoocheck.com
37. People for the Ethical Treatment of Animals, www.peta.org
38. Robert Garner, *Animals, Politics and Morality*(Manchester University Press, 1993)
39. Lewis Petrinovich, *Darwinian Dominion*(MIT Press, 1999)
40. Advocates for Animals, www.advocatesforanimals.org.uk
41. Lewis Petrinovich, *Darwinian Dominion*(MIT Press, 1999)
42. Rob Laidlaw, "Nature in a Box", 〈토론토동물권리협회〉에서 한 강연, 2004.
43. 같은 곳.
44. 같은 곳.
45. *Globe and Mail*, 9 December 2004.
46. Robert Garner, *Animals, Politics and Morality*(Manchester University Press, 1993)
47. 같은 책.
48. 같은 책.
49. Humane Society of the United States, www.hsus.org
50. Robert Garner, *Animals, Politics and Morality*(Manchester University Press, 1993)
51. Annabelle Sabloff, *Reordering the Natural World*(University of Toronto Press, 2001)
52. Charlotte Montgomery, *Blood Relations*(Between the Lines, 2000)
53. 같은 책.
54. Animal Alliance of Canada, "Pound Seizure-Pets in Experimentation"(소책자)
55. People for the Ethical Treatment of Animals, www.peta.org
56. 같은 곳.
57. World Society for the Protection of Animals, www.wspa-international.org
58. Tom Regan, *All That Dwell Therein*(University of California Press, 1982)
59. Humane Society of the United States, www.hsus.org
60. Rob Laidlaw, "Nature in a Box", 〈토론토동물권리협회〉에서 한 강연, 2004.
61. Charlotte Montgomery, *Blood Relations*(Between the Lines, 2000)
62. Humane Society of the United States, www.hsus.org
63. Charlotte Montgomery, *Blood Relations*(Between the Lines, 2000)
64. People for the Ethical Treatment of Animals, www.peta.org
65. Eric Schlosser, *Fast Food Nation*(Perennial, 2002)
66. Lewis Petrinovich, *Darwinian Dominion*(MIT Press, 1999)

67. Globe and Mail, 19 November 2004; *Globe and Mail*, 26 July 2004.
68. Paige Tomaselli, "International Comparative Animal Cruelty Laws", www.animallaw.info

■ 5장

1. Ronald Wright, *A Short History of Progress*(Anansi Press, 2004)
2. Mark Achbar and Joel Bakan, The Corporation(다큐)(Zeitgeist Films, 2004)
3. Richard Swift, "Endangered Species: Who's Next?" *New Internationalist* No 288, March 1997.
4. Animal Alliance of Canada, www.animalalliance.ca
5. Matthew Scully, *Dominion*(St Martin's Press, 2002)
6. People for the Ethical Treatment of Animals, www.peta.org
7. Canadian Council on Animal Care, 2001 Report, People for the Ethical Treatment of Animals, www.peta.org에 인용됨.
8. Peter Singer, *Animal Liberation* 3rd edition(Pimlico, 1995)
9. Animal Alliance of Canada, www.animalalliance.ca
10. Tom Regan, *All That Dwell Therein*(University of California Press, 1982)
11. Animal Alliance of Canada, www.animalalliance.ca
12. Robert Garner, *Animals, Politics and Morality*(Manchester University Press, 1993)
13. Tom Regan, *Empty Cages*(Rowman and Littlefield, 2004)
14. Animal Alliance of Canada, www.animalalliance.ca
15. Robert Sharpe, *The Cruel Deception*(Thorsons Publishing, 1988)
16. British Union for the Abolition of Vivisection, www.buav.org
17. 같은 곳.
18. Charlotte Montgomery, *Blood Relations*(Between the Lines, 2000)
19. 같은 책에 실린 통계에 근거함.
20. 같은 책.
21. Peter Singer, *Animal Liberation* 3rd edition(Pimlico, 1995)
22. Robert Sharpe, *The Cruel Deception*(Thorsons Publishing, 1988)
23. Joel Bakan, *The Corporation*(Viking, 2004)
24. CR Greek, MD and JS Greek DVM, *Sacred Cows and Golden Geese*(Continuum, 2000)
25. Peter Singer, *Animal Liberation* 3rd edition(Pimlico, 1995)
26. Médecins Sans Frontiéres, *Dispatches*, volume 7.
27. Joel Bakan, *The Corporation*(Viking, 2004)
28. American Anti-Vivisection Society, www.aavs.org

29. CR Greek, MD and JS Greek DVM, *Sacred Cows and Golden Geese*(Continuum, 2000)
30. 같은 책.
31. British Union for the Abolition of Vivisection, www.buav.org
32. Charlotte Montgomery, *Blood Relations*(Between the Lines, 2000)
33. CR Greek, MD and JS Greek DVM, *Sacred Cows and Golden Geese*(Continuum, 2000)
34. Charlotte Montgomery, *Blood Relations*(Between the Lines, 2000)
35. Danny Penman, "Flying Pigs and Featherless Chickens", *New Internationalist* 293, August 1996.
36. Charlotte Montgomery, *Blood Relations*(Between the Lines, 2000)
37. Danny Penman, "Flying Pigs and Featherless Chickens", *New Internationalist* 293, August 1996.
38. 같은 책; Charlotte Montgomery, *Blood Relations*(Between the Lines, 2000)
39. *The New York Times*, 1 May 2000.
40. CNN News, www.cnn.com/2004/TECH/10/27/biotechnology.cats/
41. Charlotte Montgomery, *Blood Relations*(Between the Lines, 2000)
42. People for the Ethical Treatment of Animals, www.peta.org
43. Charlotte Montgomery, *Blood Relations*(Between the Lines, 2000)
44. Mark Achbar and Joel Bakan, The Corporation(다큐)(Zeitgeist Films, 2004)
45. "Genes-The Facts", *New Internationalist* No 293, August 1997.
46. Robert Garner, *Animals, Politics and Morality*(Manchester University Press, 1993)
47. SHAC Newsletter, May 2004.
48. *The Guardian*, 21 July 2004 and 3 March 2006.
49. Lewis Petrinovich, *Darwinian Dominion*(MIT Press, 1999)
50. Matthew Scully, *Dominion*(St Martin's Press, 2002)
51. Richard Ryder, *The Political Animal*(McFarland, 1998)
52. 같은 책; Robert Sharpe, *The Cruel Deception*(Thorsons Publishing, 1988)
53. Christopher Chapple, *Nonviolence to Animals, Earth and Self in Asian Traditions*(State University of New York Press, 1993)
54. Beauty Without Cruelty India, www.bwcindia.org

▪ 6장

1. 쿠마르S. Kumar와 나눈 인터뷰, Humane Educator for People for the Ethical Treatment of Animals, 2005.

2. " 'Democratization' of Fur" , *Fur World*, 29 April 2002.

3. Coalition to Abolish the Fur Trade, www.caft.org.uk

4. Tom Ragan, *Empty Cages*(Rowman and Littlefield, 2004)

5. Coalition to Abolish the Fur Trade, www.caft.org.uk

6. 같은 곳; Tom Ragan, *Empty Cages*(Rowman and Littlefield, 2004)

7. Coalition to Abolish the Fur Trade, www.caft.org.uk

8. "Humans and Other Animals: The Facts" , *New Internationalist* No 215, January 1991.

9. George Wenzel, *Animal Rights, Human Wrongs*(University of Toronto Press, 1991)

10. 같은 책.

11. 같은 책.

12. People For the Ethical Treatment of Animals, www.peta.org

13. 같은 곳.

14. Tom Ragan, *Empty Cages*(Rowman and Littlefield, 2004)

15. People For the Ethical Treatment of Animals, www.peta.org, Coalition to Abolish the Fur Trade, www.caft.org.uk

16. Charlotte Montgomery, *Blood Relations*(Between the Lines, 2000)

17. Robert Garner, *Animals, Politics and Morality*(Manchester University Press, 1993)

18. *The New York Times*, 19 May 2000.

19. "The Leather Global Value Chain and the World Leather Footwear Market" , www.factbook.net/leather

20. Action for Animals, "What's Wrong with Market?" (소책자)

21. "The Leather Global Value Chain and the World Leather Footwear Market" , www.factbook.net/leather

22. Action for Animals, "What's Wrong with Wool?" (소책자)

23. Tom Ragan, *Empty Cages*(Rowman and Littlefield, 2004)

24. 같은 책.

25. Ingrid Newkirk, "On the Front Line of the Sheep Wars" , Animal Talk, Winter 2005.

26. Tom Ragan, *Empty Cages*(Rowman and Littlefield, 2004)

27. Action for Animals, "What's Wrong with Wool?" (소책자)

28. People For the Ethical Treatment of Animals, www.peta.org

29. Coalition to Abolish the Fur Trade, www.caft.org.uk

30. Tom Ragan, *Empty Cages*(Rowman and Littlefield, 2004)

31. People For the Ethical Treatment of Animals, www.peta.org

32. *The New York Times*, 24 December 2000.

7장

1. Peter Singer, *Animal Liberation* 3rd edition(Pimlico, 1995)

2. Eric Schlosser, *Fast Food Nation*(Perennial, 2001)

3. 같은 책.

4. *The New York Times*, 6 February 2005.

5. *The Globe and Mail*, 12 March 2005.

6. Robert Garner, *Animals, Politics and Morality*(Manchester University Press, 1993)

7. Animal Place, www.animalplace.org

8. Gayler Hardy, "Prime Cut", *New Internationalist* No 214, January 1991.

9. Eric Schlosser, *Fast Food Nation*(Perennial, 2001)

10. Michael Klaper, MD, A Diet for All Reasons(다큐)

11. Eric Schlosser, *Fast Food Nation*(Perennial, 2001)

12. Gayler Hardy, "Prime Cut", *New Internationalist* No 214, January 1991.

13. Eric Schlosser, *Fast Food Nation*(Perennial, 2001)

14. "Statistics by Country for Salmonella Food Poisoning", www.wrongdiagnosis.com

15. Gayler Hardy, "Prime Cut", *New Internationalist* No 214, January 1991.

16. Animal Aid, www.animalaid.org.uk

17. Harold Brown, Farm Sanctuary Campaigner, "What's Wrong with Free-range and Organic", Toronto Animal Rights Society의 강연, 2005.

18. I Murray "Crohn's Linked To Bacteria In Milk" *The Times*(London), January 25, 2000.

19. Gayler Hardy, "Prime Cut", *New Internationalist* No 214, January 1991.

20. Environmental Research Foundation, www.ejnet.org

21. Sierra Club of Canada, *Scan Special Issue: Pesticides*, April 2005.

22. Mark Gold, "On the Meat-hook", *New Internationalist* No 215, January 1991.

23. Animal Place, www.animalplace.org

24. Gayler Hardy, "Prime Cut", *New Internationalist* No 214, January 1991.

25. People for the Ethical Treatment of Animals, www.peta.org

26. 같은 곳.

27. Animal Place, www.animalplace.org

28. 같은 곳.

29. David Suzuki Foundation, www.davidsuzuki.org

30. People for the Ethical Treatment of Animals, www.peta.org

31. 같은 곳.

32. Behind the Label, www.behindthelabel.org

33. Oxfam, www.oxfam.org

34. Corpwatch, www.corpwatch.org

35. Robert Sharpe, *The Cruel Deception*(Thorsons Publishing, 1988)
36. CR Greek, MD and JS Greek, DVM, *Sacred Cows and Golden Geese*(Continuum, 2000)
37. Canadian Center for Policy Alternatives, CCPA Monitor, April 2005.
38. CR Greek, MD and JS Greek, DVM, *Sacred Cows and Golden Geese*(Continuum, 2000)
39. British Union for the Abolition of Vivisection, www.buav.org
40. "Humans and Other Animals: The Facts", *New Internationalist* No 215, January 1991.
41. CR Greek, MD and JS Greek, DVM, *Sacred Cows and Golden Geese*(Continuum, 2000)
42. Robert Sharpe, *The Cruel Deception*(Thorsons Publishing, 1988)
43. Matthew Scully, *Dominion*(St Martin's Press, 2002)
44. *The Globe and Mail*, 19 February 2005.
45. People for the Ethical Treatment of Animals, www.peta.org
46. Lynda Stoner, "The Cycle of Violence", www.animal-lib.org.au
47. 같은 곳.
48. People for the Ethical Treatment of Animals, www.peta.org
49. Lynda Stoner, "The Cycle of Violence", www.animal-lib.org.au
50. Richard Ryder, *The Political Animal*(McFarland, 1998)
51. People for the Ethical Treatment of Animals, www.peta.org
52. Mark Achbar and Joel Bakan, The Corporation(다큐), Zeitgeist Films, 2004.

• 8장

1. Mark Gold, *Animal Century*(Jon Carpenter, 1998)
2. 같은 책.
3. 같은 책.
4. Charlotte Montgomery, *Blood Relations*(Between the Lines, 2000)
5. Mark Gold, *Animal Century*(Jon Carpenter, 1998)
6. Alive, www.alive-net/english/
7. *The Australian*, 2 May 2005, www.theaustralian.news.com.au
8. Lane Azevedo Clayton, "Overview of Brazil's Legal Structure for Animal Issues", www.animal-law.info
9. Alice Cook, "Animal Abuse: Legislation in North America and Latin America", Proceedings of the World Small Animal Veterinary Association, 2001, www.vin.com

10. Humane Society of the United States, www.hsus.org
11. Humane Education Trust, www.animal-voice.org
12. South African Animal Anti-Cruelty League, www.satis.co.za
13. Humane Education Trust, www.animal-voice.org
14. Humane Society of the United States, www.hsus.org
15. "Humans and Other Animals: The Facts", *New Internationalist* No 215, January 1991.

Annabelle Sabloff, *Reordering the Natural World*(University of Toronto Press, 2001)

Charlotte Montgomery, *Blood Relations*(Between the Lines, 2000)

Christopher Chapple, *Nonviolence to Animals, Earth and Self in Asian Traditions*(State University of New York Press, 1993)

David Nibert, *Animal Rights, Human Rights*(Rowman and Littlefield, 2002)

Eric Schlossor, *Fast Food Nation*(Perennial, 2001)[『패스트푸드의 제국』, 김은령 옮김, 에코리브르, 2001]

Eugene Hargrove(ed.), *The Animal Rights/Environmental Ethics Debate*(State University of New York, 1992)

George Wenzel, *Animal Rights, Human Wrongs*(University of Toronto Press, 1991)

Lewis Petrinovich, *Darwinian Dominion*(MIT Press, 1999)

Mark Gold, *Animal Century*(Jon Carpenter, 1998)

Matthew Scully, *Dominion*(St Martin's Press, 2002)

Peter Singer, *Animal Liberation*, 3rd edition(Pimlico, 1995)[『동물해방』, 김성한 옮김, 인간사랑, 1999]

Richard Ryder, *The Political Animal*(McFarland, 1998)

Robert Garner, *Animals, politics and morality*(Manchester University Press, 1993)

Robert Sharpe, *The Cruel Deception*(Thorsons Publishing, 1988)

Ronald Wright, *A Short History of Progress*(Anansi Press, 2004)[『진보의 함정』, 김해식 옮김, 이론과실천, 2006]

Tom Regan, *Empty Cages*(Rowman and Littlefield, 2004)

Tom Regan, *All That Dwell Therein*(University of California Press, 1982)

▪ 관련 단체

▪ 국제조직

1. 동물의윤리적처우를바라는사람들(People for the Ethical Treatment of Animals, PETA)

▶ 미국, 영국, 네덜란드, 독일, 프랑스, 인도 등에 지부를 두고 있는 세계적인 동물
권 운동 조직이다.

www.peta.org

아래 자매 웹사이트도 참고할 만하다.

www.goveg.com, www.caringconsumer.com, www.animalactivist.com,
www.petakids.com, www.petatv.com

2. 동물의친구들Friends of Animals

▶ 전 세계 동물들을 잔혹 행위와 제도화된 착취에서 해방시키는 데 주력하고 있다.

www.friendsofanimals.org

3. 미트릭스The Meatrix

▶ 공장형 사육 시설에 대한 교육용 만화 영화를 만들어 수상한 경력이 있다.

www.themeatrix.com

4. 세계동물네트워크World Animal Net

▶ 세계 최대의 동물 보호 협회 네트워크로 유엔 자문 기관의 자격을 갖추고 있다.
전 세계 1백여 개국에 2천5백 개 협력 조직을 두고 있으며, 이들과 함께 동물의

지위와 복지를 향상하기 위해 노력하고 있다.

http://worldanimal.net

5. 동물문제|Animal Concerns

▶ 〈엔바이로링크 네트워크EnviroLink Network〉의 프로젝트로 동물권과 동물 복지 관련 정보를 인터넷상에 모아 놓는 정보 센터의 역할을 하고 있다.

www.animalconcerns.org

6. 동물존중Respect for Animals

▶ 국제 모피 무역에 저항하는 캠페인을 벌이고 있다.

www.respectforanimals.org

7. 동물의목소리|The Animals' Voice

▶ 유용한 뉴스와 링크를 모아 놓은 좋은 온라인 정보원이다.

www.animalsvoice.com

× 호주

1. 빅토리아동물해방(Animal Liberation Victoria, ALV)

▶ 공장형 사육 시설의 폐쇄를 요구하는 운동 조직이다.

www.alv.org.au

호주의 각 주에서 자율적으로 운영되고 있는 동물 해방 지부 목록은 아래 사이트 에서 확인할 수 있다.

www.animal-lib.org.au/docs/contacts.shtml

2. 호주채식주의자협회Australian Vegetarian Society

www.veg-soc.org

3. 잔혹 행위에서 자유로운 제품을 선택하라Choose Cruelty Free

▶잔혹 행위에서 자유로운 생활양식을 증진시키기 위해 노력하는 비영리 독립 조
직이다.

www.choosecrueltyfree.org.au

∘ 캐나다

1. 캐나다동물연맹Animal Alliance of Canada

▶인간, 동물, 환경 간의 조화로운 관계를 증진하고 동물을 보호하기 위해 노력한다.

www.animalalliance.ca

2. 캐나다동물권모임Animal Rights Canada

▶캐나다 활동가들을 위한 온라인 정보원이다.

www.animalrightscanada.com

3. 제2의방주Ark II

▶직접 행동, 정치 참여, 대중 캠페인을 통해 모든 동물의 권리를 증진하고 보호하
며 개별 동물들의 자유를 보장하는 데 주력하는 조직이다.

http://ark-ii.com

▪ 뉴질랜드(아오테아로아)

1. 동물권법률지원네트워크Animal Rights Legal Advocacy Network
www.arlan.org.nz

2. 전국생체해부반대운동National Anti-Vivisection Campaign
www.stopvivisection.org.nz

3. 동물을 착취에서 구하라(Save Animals From Exploitation, SAFE)
www.safe.org.nz

▪ 영국

1. 애니멀에이드Animal Aid
▶모든 동물 학대에 평화적으로 반대하고 잔혹 행위에서 자유로운 생활양식을 증진하는 조직이다.
www.animalaid.org.uk

2. 영국생체해부반대연맹British Union Against Vivisection
www.buav.org

3. 모피거래반대캠페인Campaign Against the Fur Trade
www.caft.org.uk

4. 잔혹스포츠반대연맹League Against Cruel Sports

▸1924년에 설립되어 '스포츠'라는 이름으로 동물에게 자행되는 잔혹 행위를 종식 시키기 위해 활동하는 동물 복지 조직이다. 영국에 거점을 두고 있다.

www.league.uk.com

5. 민주주의를통한동물보호Protecting Animals in Democracy

▸정치 시스템과 선거를 이용하여 동물 학대와 착취 문제를 해결하려고 한다.

www.vote4animals.org.uk

6. 철창없는세상Uncaged

▸생체 해부 반대 운동 조직이다.

www.uncaged.co.uk

7. 채식협회The Vegan Society

www.vegansociety.com

8. 채식재단Vegetarian & Vegan Foundation

www.vegetarian.org.uk

9. 동물을 위한 국제 채식주의자들의 목소리Vegetarians International Voice for Animals - Viva!

www.viva.org.uk

▪ 미국

1. 동물권을위한수의사협회Association of Veterinarians for Animal Rights

www.avar.org

2. 동물실험 대안 마련을 위한 존홉킨스 연구소John Hopkins Center for Alternatives to Animal Testing

http://caat.jhsph.edu/

3. 전미생체해부반대협회The National Anti-Vivisection Society

www.navs.org

4. 책임있는의약품을위한의사협회Physicians Committee for Responsible Medicine

www.pcrm.org

5. 채식주의자행동

www.vegan.org

* 한국

1. 녹색연합

▶야생동물 보호를 위한 감시 활동과 정책 연구 활동을 하고 있으며, 특히 멸종 위기 야생동물의 서식지를 마련하기 위한 활동을 전개하고 있다.

http://www.greenkorea.org/

2. 동물보호시민단체 카라

▶사설 보호소 봉사활동과 유기 동물 구조 및 입양, 무료 불임 수술 지원을 비롯해 반려 동물 문화를 정착시키는 활동을 전개하고 있다.

http://www.ekara.org/

3. 동물사랑실천협회 케어

▸ 실효성 있는 동물보호법 제정과 반려 동물 및 유기 동물의 복지 증진을 목표로 설립된 단체로 유기 동물을 위탁 보호하거나 입양하는 일을 하고 있다.

http://www.fromcare.org/main/

4. 동물실험윤리위원회

▸ 농림수산식품부 산하기관으로, 이곳에서는 동물 보호법을 비롯해 동물실험과 관련된 국내 규정을 찾아 볼 수 있다.

http://aec.qia.go.kr/main.jsp

5. 동물자유연대

▸ 성장호르몬 사용이나 해양 동물의 전시와 관람, 동물실험 등, 동물권과 관련된 캠페인 활동에 주력하는 단체다. 홈페이지에 국내에서 논쟁이 된 동물권 이슈를 보기 쉽게 정리해 놓았다.

http://www.animals.or.kr/

6. 한국동물구조관리협회 카르마

▸ 야생동물을 보호·관리할 목적으로 산림청과 한국담배인삼공사의 후원을 받아 설립된 단체다. 야생동물 구조와 밀렵 방지 활동을 주로 벌이다가 유기 동물 수가 늘어나면서 서울시와 연계해 유기 동물 위탁 사업을 실시하고 있다.

http://www.karma.or.kr/

※ 함께 보면 좋을 책과 영화

※ 책

논쟁 없는 시대의 논쟁
영국사상연구소 지음, 정세권·박민아·정동욱 옮김, 이음, 2009

리얼리티 텔레비전 프로그램, 공정 여행, 동물실험, 대체 의학 그리고 맞춤 아기라는 다섯 가지 주제를 둘러싸고 각각의 주제에 대해 서로 다른 입장을 가진 논자들을 네다섯 명씩 짝 지어 토론회를 조직했다. 이 책은 그 토론회의 결과물이다. 동물실험과 관련해서는 토니 길 랜드가 주제의 배경과 논쟁의 초점을 제시했고, 마크 매트필드와 톰 리건, 스튜어트 더비 셔, 리처드 라이더가 각각 서로 다른 입장을 제시하고 있다.

동물 권리 선언
마크 베코프 지음, 윤성호 옮김, 미래의창, 2011

단지 '관행'이라는 이유로 동물의 삶을 짓밟을 수 있는가? 동물의 희생 없이는 우리의 행복 이 불가능한가? 과학 발전이라는 이름으로 힘없는 동물들에게 무자비한 실험을 강행해야 하 는가? 생활하는 데 불편하다는 이유로 반려 동물을 거세하고 성대를 수술하는 것이 과연 그 들을 사랑해서인가? 개체 수가 늘어난다고 해서 무차별적인 사살이 용납될 수 있는가? 저자 마크 베코프는 동물의 소리에 귀 기울여야 하는 여섯 가지 이유를 조목조목 알려 준다.

동물과 인간이 공존해야 하는 합당한 이유들
피터 싱어 엮음, 노승영 옮김, 시대의창, 2012

이 책에 실린 18편의 글은 크게 세 덩어리로 분류돼 있다. 동물 운동의 배경이 되는 '종차별'을 언급하며 호모사피엔스 종에 속한다는 이유로 우선권을 부여받는 것이 과연 정당한 것인지를 묻는다. 그리고 실험실, 축사, 동물원, 서식처 등에서 자행되는 동물 학대 현실을 폭로하고 동물 운동의 전략을 구체적으로 설명한다.

동물로 산다는 것
존 쿳시 지음, 전세재 옮김, 평사리, 2006

2003년 노벨 문학상 수상자인 존 쿳시의 독특한 강연체 소설이다. 엄격한 채식주의자이자 동물권 옹호자인 엘리자베스 코스텔로는 한 대학의 초청 강연에 참석하기 위해 잠시 아들 집을 방문한다. 존 쿳시는 아들 집에서 강연장을 오가며 코스텔로가 나눈 대화들, 토론, 그리고 강연을 하나의 소설로 구성했다. 코스텔로는 시종일관 인간만이 아니라 동물 역시 생명과 품위를 존중받을 권리가 있으며 동물 학대는 유대인 학살과 다르지 않다고 말한다. 실제 존 쿳시가 프린스턴대 〈인간가치센터〉의 초청을 받아 한 "태너 강연"의 원고에 그 토대를 두고 있다.

동물원 동물은 행복할까?
로브 레이들로 지음, 박성실 옮김, 책공장더불어, 2012

저자 로브 레이들로는 야생동물 보호 운동 활동가로 야생동물 보호 단체인 〈주체크 캐나다〉의 설립자다. 이 책을 쓰기 위해 저자는 전 세계 동물원을 천 번 이상 탐방했다. 이 책은 동물원의 숨겨진 진실을 고발한다. 레이들로에 따르면 북극곰, 코끼리, 고래, 유인원은 특히 동물원에 가두기 적합하지 않은 동물이다. 그 이유는 무엇인지, 또 동물원 동물들을 위해 우리가 할 수 있는 일들은 무엇인지 알차게 담았다. 동물원 환경을 점검하는 체크리스트, 동물원 야생동물을 돕는 10가지 방법 등을 통해 독자들은 동물원 동물을 돕는 실천 방법까지 배울 수 있다.

동물을 먹는다는 것에 대하여

조너선 사프란 포어 지음, 송은주 옮김, 민음사, 2011

현대 먹을거리에 숨은 문제, 그중에서도 공장형 축산의 문제를 날카롭게 해부하고 있는 책
이다. 저자 조너선 사프란 포어는 공장형 축산업 종사자, 동물 권리 보호 운동가, 채식주의
자, 도축업자 등, 다양한 입장을 지닌 인물들을 광범위하게 인터뷰하고, 때로는 삼엄한 경
비하에 있는 공장형 사육 시설에 몰래 잠입해 들어가는 위험도 불사하며 "육식은 과연 자연
스러운 관습인가"라는 질문에 답하고 있다.

우리 안에 돼지

조슬린 포르셰·크리스틴 트리봉도 지음, 배영란 옮김, 숲속여우비, 2010

돼지는 고기이기 이전에 감수성을 가진 동물이다. 고통을 느낄 줄 안다. 그런데 철창 속에
갇혀 지칠 대로 지친 암돼지에게 27마리의 새끼를 낳으라고 다그치는 이유는 무엇인가? 조
금 아프기라도 하면 왜 치료할 생각은 하지 않고 곧바로 죽여 버리는가? 새끼 돼지를 왜 마
취도 하지 않고 거세하는 것인가? 공장형 축사에서 일어나는 일상화된 폭력을 어린 소녀 솔
렌의 입을 통해 고발하는 이 책은 공장형 축산의 말도 안 되는 끔찍한 현실과 오늘날 우리가
동물들과 맺고 있는 관계에 대해 어떤 정식 보고서보다 더 많은 것을 이야기해 주고 있다.

▪ 영화

더 코브

루이 시호요스 감독, 2009

'릭 오배리'는 돌고래 조련사들에게 대부와도 같은 존재였다. 그러나 이제 그는 돌고래 보
호를 위해 싸우고 있다. 일본의 작은 마을, 타이지太地의 바닷가에서 릭 오배리는 끔찍한
돌고래 사냥을 고발한다. 매년 이곳에서는 2만 3천 마리 가량의 야생 돌고래가 무분별한
포획 활동으로 인해 죽어 가고 있다. 수중 촬영 전문가, 녹음 전문가, 특수 효과 아티스트,

세계적 수준의 프리다이버들로 구성된 사람들이 돌고래 학살을 은폐하려는 마을 사람들의 눈을 피해 그 참혹한 현장으로 잠입한다.

미안해 고마워

임순례·박흥식·송일곤·오점균 감독, 2011

네 개의 에피소드로 구성된 옴니버스형 영화. 사람과 반려 동물이 맺는 다양한 관계에 초점을 맞추고 있다. 죽은 아버지가 남긴 반려견을 기르며 아버지와의 관계를 되돌아보는 딸의 이야기, 어머니의 임신으로 친동생같이 여기던 강아지 보리와 헤어져야 하는 여섯 살 소녀의 이야기, 길고양이를 돌보는 딸과 그것을 못마땅하게 생각하는 아버지의 관계 회복을 그린 이야기, 유기견과 우정을 나누는 노숙자 이야기가 따뜻하게 펼쳐진다.

프리윌리

사이먼 윈서 감독, 1993

열두 살 제시는 어머니에게서 버림을 받은 후, 거리에서 방황하며 살아가는 소년이었다. 어느 날 마을에 있는 수족관에 들어가 친구와 벽에 낙서를 한 게 발각되어 두 달 동안 수족관 청소를 해야 하는 벌을 받게 된다. 제시는 그곳에서 몸무게가 3천 킬로그램에 육박하는 고래 윌리를 만난다. 윌리는 조련사의 말을 듣지 않고 재주 부리기도 거부하는 수족관의 골칫덩어리였다. 제시는 그런 윌리에게 큰 흥미를 느끼고 사랑으로 보살피면서 둘 사이에 종을 넘어선 우정이 싹튼다. 어느덧 제시는 자신이 윌리에게 줄 수 있는 진정한 선물은 '자유'라는 것을 깨닫는다. 소년원에 가게 될지도 모른 채, 제시는 모든 것을 걸고 윌리를 풀어 준다.

▪ 텔레비전 프로그램

〈슈프림미마스터 티비닷컴〉 "동물학대를 멈추자 응답 농장: 울타리 뒤의 고통스런 현실"
  (2009년 9월 22일) http://www.suprememastertv.com

〈SBS 그것이 알고 싶다〉 "인간을 위한 한 평생, 동물의 삶에 관한 보고서" (2011년 4월 2일)

〈KBS1 소비자 고발〉 "반려 동물 먹을거리" (2011년 12월 16일)

〈MBC 창사 50주년 특집 다큐멘터리〉 "남극의 눈물 3회 바다의 노래를 들어라" (2012년 1월 13일)

〈SBS 스페셜〉 "동물, 행복의 조건" 1, 2부 (2012년 6월 10일, 17일)

동물의 권리, 인간다움에 대한 또 다른 성찰

황성원

날이 갈수록 떨어지는 기력을 어떻게든 복구하고픈 열망과, 기억조차 할 수 없는 아주 어린 시절부터 육류를 꺼렸던 태생적 식성 사이에서 갈팡질팡하던 지난 봄, 조금만 방심하면 식탁에서 단백질이 종적을 감추는 상황을 타개하기 위해 생협에서 생물 바지락을 주문했다. 사실 생선류도 극히 일부만 먹을 수 있는 심각하게 짧은 입이지만 다행히도 조개에 대해서는 큰 거부감이 없기 때문이다. 늦은 점심을 들던 참에 배달이 오는 바람에 상자에 담겨온 식재료들을 제대로 정리하지 못하고 바지락이 담긴 봉지를 잠시 식탁 옆 창틀에 올려두었다. 그리고 밥을 먹다 무심코 바지락 봉지를 보니 녀석들은 어느 결에 흐느적흐느적 꿈결 같은 동작으로 두 개의 기다란 수관을 내밀고 있었다. 그때부터 밥 먹는 내내 바지락 봉지에서 눈을 뗄 수 없었다. 해수를 채워 넣었다는 그 비닐봉지 속의 바지락들은 내가 좋아하는 바지락 칼국수나 바지락 된장찌개에 들어 있는 불투명하고 약간 질긴 듯한, 통통하고 싱싱할 때는 약간 단맛도 나는 그 '살덩어리'들이 아니었다. 그 얇고 좁은 비닐봉지 안에 작은 돌탑처럼 이놈저놈 켜켜이 쌓인 채 제 몸으로는 평생 움직일 수 없는 거리를 몇 시간 만에 이동했음에도 바닷물이 들어 있다는 이유로 여기가 천수만 바다가 아닐까 생각하는 눈치였다. 투명한 비닐봉지를 통해 뻔히 미래의 포식자가 자신을 정면으로 바라보고 있는 상황에서도 천연덕스럽게 유영하듯 부드러운 동작으로 조가비를 열어 더듬이 같은 수관을 뻗어 보이고 있었다. 순간 내가 저걸 먹지 말고 키워야 하는 건 아닐까 싶은 생각이 들었다.

별난 식성이지만 사실 나 자신은 크게 불편한 줄 모르고 살았다. 안/못 먹는 게 많지만, 먹을 수 있는 건 더 많으니까. 하지만 내가 '고기를 먹지 못한다'고 말하면 십중팔구 주위 사람들이 불편해한다. 정작 나는 삼겹살을 굽는 회식 자리에서도 된장국에 밥 말아 먹으며 충분히 즐겁게 놀 수 있는데 말이다. 나는 불편한 시비를 피하기 위해 고기를 '못' 먹는다고 말한다. 그래도 꼭 왜 '안' 먹느냐고 따져 묻는 사람들이 있다. 그리고 육식의 문제점에 대해서는 입도 벙긋하지 않았는데 채식주의자들을 성토하기 시작한다. 그래서 난 편의를 위해 '분식주의자' 내지는 '편식주의자'가 되기로 했다. 21세기가 되기 전의 일이다.

다행히도 세상이 많이 달라졌다. 동물 학대와 관련된 시비가 심심찮게 언론에 보도되고 '동물실험을 하지 않았다'는 걸 광고의 주요 문구로 내보내는 국내 화장품 회사도 생겼다. 구제역으로 가축들이 대대적으로 학살됐을 때는 국내의 한 동물단체가 현장을 잠입 취재해 충격적인 영상을 유포하기도 했다. 물론 아직 일상에선 만나기 쉽지 않지만, 알 만한 곳에 가면 채식주의자를 만나는 것도 이제 그렇게 어렵지 않다. 최근 들어 피터 싱어의 책이 국내에 많이 소개되고 동물과 인간의 공생을 주제로 한 책들이 많이 쏟아져 나오는 것도 이런 추세와 무관하지 않으리라.

이 책은 시리즈의 기획 의도답게 동물권과 관련된 여러 가지 논쟁 지형을 체계적으로 알기 쉽게 설명하고 있다. 골치 아픈 철학적 논증에 무게를 두기보다는 실용적이고 현실적인 주장들을 일목요연하게 정리했다는 것이 아마 가장 큰 강점일 것이다. 물론 어째서 동물의 내재적 가치와 권리를 인정해야 하는가라는 가장 본질적인 질문은 남는다. 하지만 그 질문에 모두가 동의할 수 있는 답을 내놓지는 못한다 하더라도 우리가 동물의 사육 환경과 복지에 결코 무심해서는 안 되는 이유는 분명하다. 동물의 사육 환경은 농장 노동자의 노동환경이고, 가축의 건강은 그것을 섭취하는 인간의 건강에 직접적인 영향을 미치기 때문이다. 그러니까 동물과의 잘못된 관계맺음은 그 대상이 되는 동물은 물론 인간마저 좀먹는다는 것이다. 결국 동물권이라는 주제는 보는 이에 따라 동물의 독립적인 가치와 권리를 논증하는 문제가 될 수도 있지만, 과연 인간이란, 인간다움이란 무엇인가를 돌아보게 만드는 또 다른 성찰의 계기가 될 수도 있지 않을까 생각해 본다. 예비 포식자일 뿐이었던 내가 살아 있는 바지락과의 짧은 만남을 통해 나 역시 그들과 같은 시대, 같은 행성을 살아가는 또 다른 생물이라는 생각을 한순간이나마 가지게 됐던 것처럼 말이다.

집에 찾아온 친구에게 바지락 얘기를 해주니 임순례 감독의 영화에도 비슷한 일화가 나온다고 한다. 아직 영화를 보진 못했지만, 비슷한 모티브를 썼다니 내가 그리 '별난 인종'만은 아니었던 모양이다. 채식주의자라는 이유로 '별난 인종'으로 몰려 본 경험이 있는 사람들에게, 아니 그보다는 오히려 멀쩡한 사람을 별난 인종으로 몰아가는 사람들에게 이 책이 조금이나마 도움이 되었으면 하는 바람이다. 번역의 기회를 주신 이후출판사 여러분들에게, 특히 오역과 비문을 잡느라 애쓰신 편집부에 감사의 말을 전한다. 여러 차례 교정을 보긴 했지만, 그래도 부족한 문장들에 대해서는 독자들의 넓은 아량을 부탁할 뿐이다.

《아주 특별한 상식 NN-동물권》
동물권, 인간의 이기심은 어디까지인가?

지은이 | 캐서린 그랜트
옮긴이 | 황성원
펴낸이 | 이명회
펴낸곳 | 도서출판 이후
편집 | 김은주, 신원제, 유정언
마케팅 | 김우정
디자인 디렉팅 | Studio Bemine
표지·본문 디자인 | 이수정

첫 번째 찍은 날 2012년 8월 24일
세 번째 찍은 날 2014년 10월 13일

등록 | 1998. 2. 18(제13-828호)
주소 | 121-754 서울시 마포구 동교동 165-8 엘지팰리스빌딩 1229호
전화 | 대표 02-3141-9640 편집 02-3141-9643 팩스 02-3141-9641
홈페이지 | www.ewho.co.kr

ISBN 978-89-6157-060-2 03300

이 도서의 국립중앙도서관 출판시도서목록(CIP)은 e-CIP홈페이지
(http://www.nl.go.kr/ecip)와 국가자료공동목록시스템(http://www.nl.go.kr/kolisnet)
에서 이용하실 수 있습니다.(CIP제어번호: CIP2012003655)